Does Positive Psychology Really Make People Happy?

中野 明
Akira Nakano

# ポジティブ心理学は人を幸せにするのか

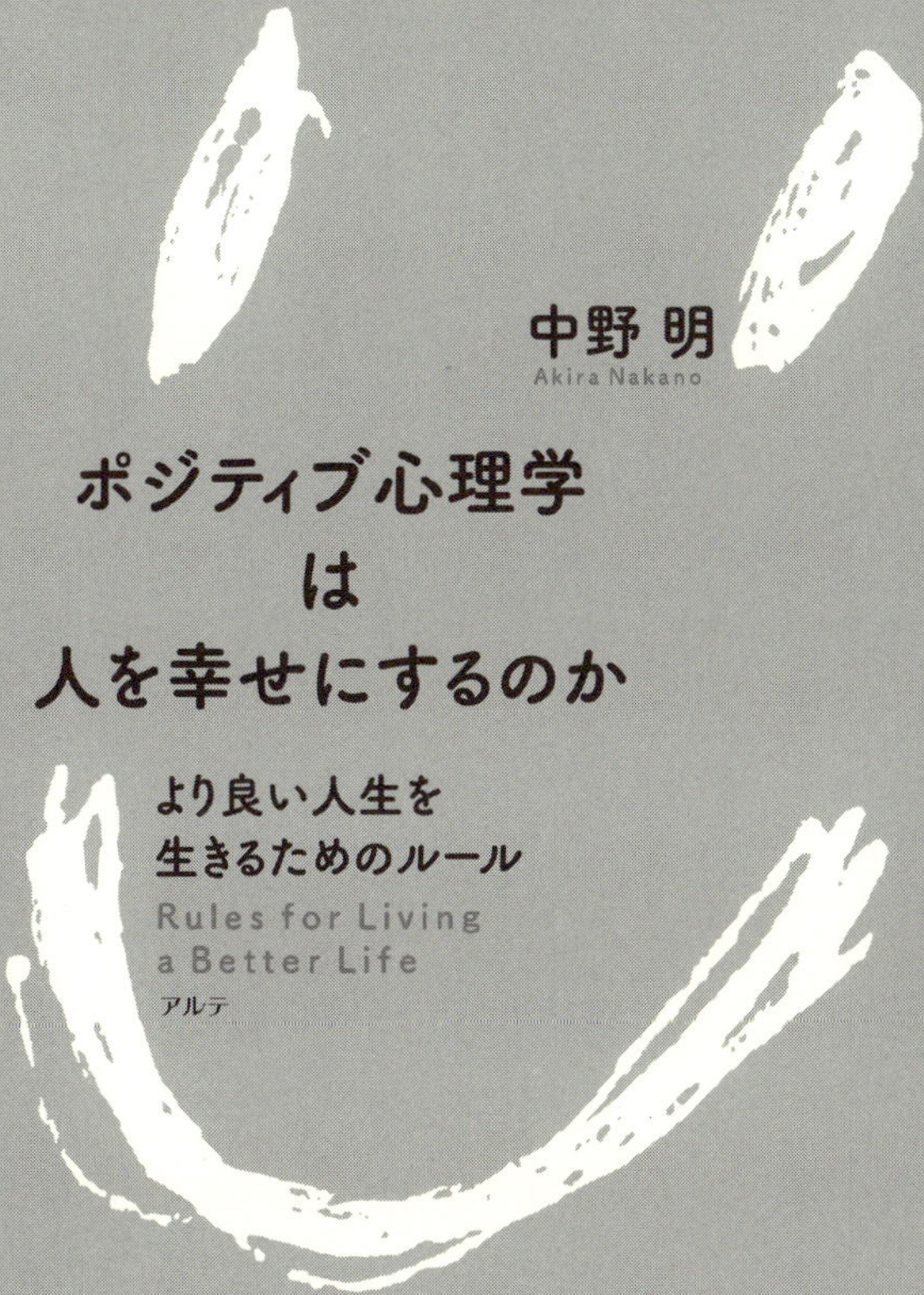

## より良い人生を生きるためのルール

Rules for Living a Better Life

アルテ

# はじめに

ポジティブ心理学は、アメリカの心理学者マーティン・セリグマンの提唱で１９９８年に生まれました。誕生してまだ20年も経たない、心理学の極めて新しい潮流です。

従来の心理学では心の病という暗い面にスポットを当てて、その治療に専念してきました。このようなアプローチにより、不治と考えられていた精神的病のうち10種を超える症例を治癒することに成功しています。その意味で従来の心理学は大きな成功を収めてきました。

しかしながら、心理学の使命は心の病の治癒のみにあるのではありません。たとえば、日々の暮らしをより充実させること、健康な人がより健康になること、これらを支援するのも心理学の重要な使命です。

とはいえ第二次世界大戦以降、心理学が持つこうした使命が顧みられなくなる傾向が強まりました。これでは心理学は使命の半分にしか奉仕していないことになります。

このような危機感からセリグマンは、人の心の病ではなく、健康な人がより素晴らしい生活を送れる方法や手段を科学的に追究することが重要だと考えました。いわば、「マイナス5の部分をマイナス3にするための方法」を考える従来の心理学ではなく、「プラス2の部分をプラス7にステップアップする方法」を考える新しい心理学の確立です。

セリグマンはこのような心理学を「ポジティブ心理学」と称し、今まで忘れられがちだった、人生におけるポジティブな面を研究する心理学の発展を通じて、心理学全体のバランスを取ろうと考えたわけです。

本書は、このポジティブ心理学の全体図をわかりやすく解説するために執筆しました。全体は7章から成っています。

まず、第1章ではポジティブ心理学の立ち位置とその基本的な主張を解説しました。この章だけでもポジティブ心理学の背景や概略は理解できると思います。

また、第2章では、ポジティブ心理学の名称にもなっている「ポジティブ」が、私たちの生活にどのような好影響を及ぼすのかについて検討しました。

続く第3章から第6章では、ポジティブ心理学の立場から見た、ウェル・ビーイング（豊かで良好な状態）な人生を実現するための処方箋について記しています。

第3章と第4章では、ウェル・ビーイングに不可欠となる「目標」と「強み」について考えました。

さらに5章と6章では、ポジティブ心理学が推奨する、人生をポジティブに過ごすための各種テクニックについて解説しています。

中でもここで解説しているネガティブな考え方を論理的に撃破する態度や、人間が持つ身体エネルギーの管理は、ウェル・ビーイングな生活を実現するのに欠かせない手法です。

そして最終の第7章では、ポジティビティに潜む罠について解説しました。あらかじめこの点を理解しておけば、予期せぬ落とし穴に落ちるのを未然に防げるでしょう。

なお、本書は「目標」や「強み」を扱っている点で、拙著『アドラー心理学による「やる気」のマネジメント』（2015年、アルテ）、『アドラー心理学による「強み」のマネジメント』（2015年、アルテ）と深い関連があります。

また、本文で詳しく紹介するように、ポジティブ心理学はアブラハム・マズローが創始した人間性心理学の流れをくみます。そのため同じく拙著『マズロー心理学入門』（2016年、アルテ）との関係も極めて深いものがあります。本書の理解を深めていただく上で、これらの姉妹書もあわせて参考にしてもらえれば幸いです。

では、ポジティブ心理学の世界へ、いざご案内することにしましょう。

目次

# 第1章　より良い人生を生きるために

## ●幸福な国はどこだ

２０１２年、国連は社会の持続的発展に関する問題について取り組む「サステナブル・デベロップメント・ソリューション・ネットワーク（ＳＤＳＮ）」という組織を立ち上げました。同組織は、世界の環境・社会・経済問題の解決と持続可能な社会の実現に向けた方策を世界の国々が共有することを目的に活動しています。

このＳＤＳＮは、２０１２年より報告書「ワールド・ハピネス・リポート」を公表しています。ワールド・ハピネスのホームページ（http://worldhappiness.report）に行けば、誰でも無料でレポートをダウンロードできます。

このレポートの中に、世界の国々の幸福度について調査したデータが掲載されています。この調査では、158の国を対象に、①国民1人当たりGDP（国内総生産）、②社会的支援、③平均健康寿命、④選択の自由、⑤寛容性、⑥汚職の少なさという6つの項目について調査したデータを基にして、世界の幸福度ランキングを公表しています。2015年版の幸福度ランキング上位の国は次のとおりです。

①スイス（7・587）
②アイスランド（7・561）
③デンマーク（7・527）
④ノルウェー（7・522）
⑤カナダ（7・427）
⑥フィンランド（7・406）
⑦オランダ（7・378）
⑧スウェーデン（7・364）
⑨ニュージーランド（7・286）
⑩オーストラリア（7・284）

John F. Helliwell, Lord Richard Layard, Jeffrey D. Sachs

「WORLD HAPPINESS REPORT 2015」（2015, SDSN）

ご覧のように北欧諸国が軒並みランクインしているのが目立ちます。また、オセアニア諸国も9位と10位に食い込んでいます。ちなみに、11位にはイスラエル、12位にコスタリカが入っているのには少々意外な気がします。

では、注目の日本は第何位でしょうか。残念ながら日本は、獲得ポイント5・987で158国中46位という結果に終わっています。日本よりも上位に位置するアジア諸国は、アラブ首長国連邦（20位）、オマーン（22位）、シンガポール（24位）、カタール（28位）、タイ（34位）、サウジアラビア（35位）、台湾（38位）、クェート（39位）、ウズベキスタン（44位）となっています。総じてアジア諸国はあまり高い位置を占めていないようですが、日本はこれらの国をさらに下回ります。

## ●幸せとお金の関係は？

また、先のコスタリカ（12位）をはじめ、メキシコ（14位）、ブラジル（16位）、ヴェネズェラ（23位）、パナマ（25位）、チリ（27位）、アルゼチン（30位）、ウルグアイ（32位）、コロンビア（33位）と、南米勢は明らかにアジア勢よりも幸福度が高そうです。ちなみにG7各国を上位から順番に並べると次のようになります。

①カナダ（5位）
②アメリカ（15位）
③イギリス（21位）
④ドイツ（26位）
⑤フランス（29位）
⑥日本（46位）
⑦イタリア（50位）

この順位を見るにつけ、G7諸国もはっきり言ってあまりさえません。そもそもG7（グループ・オブ・セブン）とは、世界の経済をリードする先進国ととらえられてきました。しかし「経済をリードする先進国＝幸福度が高い」というわけではないようです。

実際、日本の順位を基準に、もっと幸福度の高い集団を見ると、日本の経済的なポジションが参照点となるからでしょうか、あそこにさえ後塵を拝しているのか、という思いがする国が多数あることに驚きます。

そもそも、「ワールド・ハピネス・リポート」が用いている経済力（国民1人当たりGDP）は、世界銀行が提供する社会や経済、開発に関する包括的指標である世界開発指標（World Development Indicator／WDI）に基づくものです。これは米ドルによる購買力平価を基準に、国民1人あたりのGDPを算出しています。この指標を基準にした場合、トップ5はカタール、マカオ、ルクセンブルク、シンガポール、クェートの順になります。

日本はWDIによる国民1人当たりGDPで33位にランクされています。ですから、経済力が幸福の最大の鍵となるとしたら、日本の幸福度は33位でなければなりません。しかしそうなっていないのが現実です。

もちろん幸福度と経済力には密接な関係があります。次のページの図1はその国の幸福度と国民1人当たりGDPの関係をグラフ化したものです。グラフでは先に示した国民1人当たりGDPが対数（ログ）で表示されています。分散データの傾向を示す回帰直線は「y = 0.7235x - 1.2589」で、R2乗値はほぼ「0・6」となっています。

R2乗値とは、回帰直線がデータの傾向をどの程度正確に表現しているかを0〜1の範囲で示したものです。完全に一致する場合は1、まったく一致しない場合は0となります。通常、R2乗値が0・5を超えるとデータ（今回の場合だと幸福度と国民1人当たりのGDP）には相関関係があると言います。これが0・7を超えると強い相関関係があります。ですから、R2乗値が0・6という

# 図１　国別の幸福度と国民１人当たりの GDP

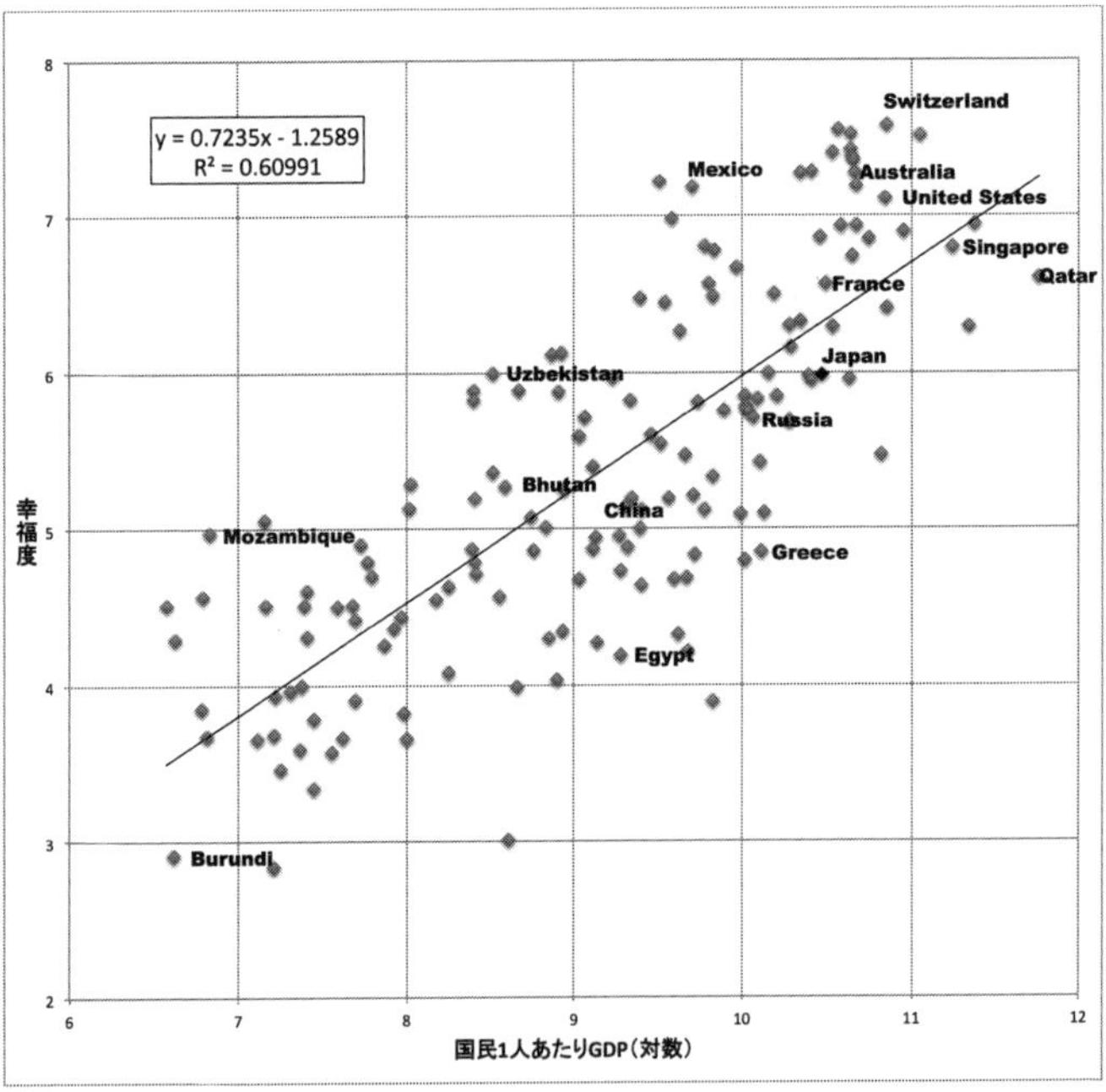

ことは、極端に強いとは言えませんが、相関関係は明らかに存在すると言えます。

なお、相関関係と因果関係が別物であることには要注意です。相関関係があるとは、xが増加すればyも増加する（正の相関）またはxが増加すればyが減少する（負の相関）という関係の存在を示しているに過ぎません。xが原因によってyが生じるという、因果関係とは異なります。ですから、幸福度と国民1人当たりのGDPには明らかに相関関係がありますが、因果関係があるとは必ずしも言えません。

このように、幸福とお金には相関関係があります。しかし、繰り返しになりますが、お金が幸福の決定的な尺度になるとしたならば、世界で最も幸福な国はカタールであり、日本は33位のはずです。しかし実際にはそうなっていません。

ならば私たちの幸福を決める決定的な要因とはいったい何なのでしょうか。「ワールド・ハピネス・リポート」では、経済力以外にも5つの指標を掲げています。そのうち寿命以外は人を取り巻く外的要因ですが、これは個人の幸福を測定する尺度にもなり得るのでしょうか。これら以外の要因は考えられないのでしょうか。

実はこのような、人がよりよく生きるための鍵を見つけ出そうとするのが、本書のテーマであるポジティブ心理学にほかなりません。

## ●ポジティブ心理学とは何か

ポジティブ心理学は1998年に心理学の新しい分野として誕生しました。提唱したのはアメリカの心理学者マーティン・セリグマンです。

ポジティブ心理学の重鎮とも言うべきセリグマンは、ペンシルベニア大学の心理学教授です。セリグマンはアメリカ心理学会の会長に、歴代最高の得票数で当選した経験を持ちますから、その影響力の大きさは容易に想像できると思います。

会長就任が決まったセリグマンは、会長として今後の心理学の方向性を示さなければなりません。それを公にしたのが、1998年、サンフランシスコで開かれたアメリカ心理学会総会においてです。セリグマンは会長講演において、今後の心理学に必要な取り組みを2つ掲げました。

第1の領域は世界各地で繰り広げられている「民族紛争」です。セリグマンが会長講演を行った当時、セルビアのコソボ自治州におけるセルビア人とアルバニア人によるコソボ紛争が発生しており、50万人もの難民が窮状に陥っていました。

こうしたコミュニティの崩壊や難民、人権侵害に対して心理学は何ができるのか。これからの若い心理学者にこの難題へ積極的に関わってもらうようにするのが、今後の心理学に必要だ、とセリグマンは述べました。

続いて第2の領域としてセリグマンが明言したのが「ポジティブ心理学」の推進です。セリグマンの見解では、第二次世界大戦以後の心理学は、疾病に注目し、疾病からいかにすれば回復できるのか、この点に精力を集中してきました。実際、50年前には不治と考えられていた、少なくとも14にものぼる精神疾患について、いまや適切な治療法が開発されています。

もちろん、精神的疾病を治癒することは極めて意義あることです。しかしこれが心理学にとって重要なことのすべてではありません。

健全な人々が人生のさまざまな出来事を乗り越えて、「良い人生」「ウェル・ビーイング」を実現するにはどうすべきなのか。あまりにも障害の回復に目を向け過ぎていた心理学は、この問いに十分に答えられるだけの知識を持ち合わせていません。

そこで、心理学的な苦悩に苛《さいな》まれている人を救うのと同様に、健康な人々のよりよい人生を支援する心理学を推進し、心理学のアンバランスを修正することが重要になります。その役目を担うのがポジティブ心理学です。

セリグマンは、右記のような内容について、アメリカ心理学会総会の会長講演で明言しました。のちにセリグマンは次のように述べています。現在ではこれが公式の場にポジティブ心理学が登場した最初の時だと考えられています。

**人は弱点を補うだけでは幸せになれない。自分自身のマイナス5の部分をマイナス3にするための方法をあれこれ考えて、日に日に悲惨な状況におちいっていくよりも、プラス2の部分をプラス7にステップアップする方法を考えたほうが、人は幸せになれる。**

**マーティン・セリグマン『世界でひとつだけの幸せ』（2004年、アスペクト）**

その方法について考えるのがポジティブ心理学にほかなりません。また、セリグマンと同じくポジティブ心理学の創始者の1人として考えられているミシガン大学心理学教授クリストファー・ピーターソンはポジティブ心理学を次のように極めて明快に定義しています。

**私たちが生まれてから死ぬまで、またその間のあらゆる出来事について、人生でよい方向に向かうことについて科学的に研究する学問。**

**クリストファー・ピーターソン『ポジティブ心理学入門』（2012年、春秋社）**

これがポジティブ心理学です。そして、私たちが人生でよい方向に向かうために、ポジティブ心理学はどのような研究成果を提供してくれるのか、その点について考えるのが本書の立ち位置にほかなりません。

## ●ポジティブ心理学が目指す幸福とは

では、ポジティブ心理学の定義の核とも言える「人生でよい方向に向かうこと」について、もう少し詳しく考えてみましょう。

ピーターソンの言う「人生でよい方向に向かうこと」から、「幸福の追求」という言葉が思いつくかもしれません。実際、マーティン・セリグマンは、ポジティブ心理学のテーマを「幸せ」だと考えていました。そして、この幸せを判断する基準が「人生の満足度」であり、したがってポジティブ心理学の目標は、「人生の満足度を増大すること」だとセリグマンは考えました。

こうしてセリグマンは、ポジティブ心理学の中でも特に著名な理論である「幸福の公式」を生み出します。

幸福の公式：H＝S＋C＋V

公式の示すところはとてもシンプルです。まず「H」ですが、これは「幸福（Happiness）」の頭文字をとったもので、永続する幸福のレベルを示します。次の「S」は「セットポイント（Set point)」の略で、その人が生得的に持つ幸せの範囲を示します。

また、「C」は「生活環境（Circumstances)」で、家庭や友人、同僚、地域コミュニティなど、その人が置かれている生活環境を指します。そして最後の「V」ですが、こちらは「意志に基づく活動（Factors under Voluntary Control)」とも言うべき要素です。これは人が自分の幸せを自発的にコントロールできる部分を指します。ですから、幸福の公式は次のように表現するのがわかりやすいかもしれません。

**幸福の公式：幸せ＝セットポイント＋生活環境＋意志に基づく活動**

また幸福の公式では、幸福を構成するそれぞれの要素には一般的な割合があると考えられています。「S（セットポイント）＝50％」「C（生活環境）＝10％」「V（意志に基づく活動）＝40％」です。これで合計は100％となります。こちらも公式として記しておきましょう。

**幸福の公式：H＝S（50％）＋C（10％）＋V（40％）**

しかし冷静に考えると、そもそも幸福を構成する要素が「S」「C」「V」だと断定できるのか、という疑問が湧いてきます。また、仮に幸福が３つの要素に分解できたとしても、それが50％、10％、40％のような割合になるのか、という疑問も生じます。

もっとも右の数値はいい加減に設定されたものではありません。セットポイントとは遺伝による規定値であり、人が生物学的に父母から受け継いだものです。この値が50％というのは、膨大な量に及ぶ一卵性双生児と二卵性双生児に関する研究から生まれたものだといいます。

とはいえ、生活環境による決定要因は10％ということですが、こちらはもっと高いのではないか、という議論もあります。この値が25％を占めるのではないか、という主張も見られます。また、幸福の測定が「S」「C」「V」という、性質のまったくことなる３要素を足し合わせたもので本当にいいのか、という疑問は解消しないままです。

私たちの幸福が額面どおりS＝50％、C＝10％、V＝40％であるかどうかはともかく、誰も不幸な人生など歩みたくありません。そのためより良い人生を生きるには、「V」に相当する意志に基づく活動が欠かせません。

そして、遺伝や環境などの制約条件はあるものの、この意志に基づく活動に集中して、よりよい人生の構築を目指そうとするのが、ポジティブ心理学の基本的なスタンスになります。

## ●幸せからフラーリッシングへ

私たちが抱く幸福感とは極めて主観的なものです。また、ちょっとした状況の変化で、私たちは自分が幸福であるとも、不幸であるとも、考え方を簡単に変えてしまいます。

面白い実験があります。マンハイム大学の心理学者フリッツ・ストラックらは、被験者を2つのグループに分けてそれぞれ次のような質問を行いました。

一方のグループAには「①あなたは幸せですか?」と質問して回答を得た上で「②あなたはデートをしていますか?」と尋ねました。これに対してもう一方のグループBでは質問の順番を逆にして、最初に「①あなたはデートをしていますか?」と尋ねてから、「②あなたは幸せですか?」と聞きました。

実験の結果、グループAでは、①と②の質問の相関が「0・11」と極めて低いことがわかりました。これに対して、グループBでは、①と②の質問の相関が「0・62」に跳ね上がりました。

この結果は何を意味するかというと、グループAでは2つの質問を独立した別個のものとしてとらえられていました。対してグループBでは相関が0・6以上と高いことから、①と②を関連する質問と捉えていることがわかります。

その結果、先にデートの質問に刺激された被験者は、それに引きずられる格好で②の質問に答えているわけです。つまり、最近デートしたことを思い出した人は②の質問でも「幸せ」と答える可能性が高いでしょうし、そうでない人は「幸せでない」と答える可能性が高いということです。

このように主観的な幸福感は非常にうつろいやすいものです。セリグマンも指摘するように、人生の満足度をどう報告するかはその時々の気分が70％に達するとも言います。つまり分析的に考えて結論を出す人は30％にしか過ぎないわけです。

そのため当初はポジティブ心理学のテーマを「幸せ」だと考えていたセリグマンも、やがてポジティブ心理学のテーマを「ウェル・ビーイング」だとします。「幸せ」な気分は、あまりにもその時の状況に流されるからです。そしてウェル・ビーイングを測定する尺度を「フラーリッシング（flourishing）」と定義しました。

ウェル・ビーイングとは自分の人生がよい人生であると感じられる状況です。そして継続的なウェル・ビーイングの状態がフラーリッシングとなります。

フラーリッシングは誠に新しい言葉で、「繁栄」や「持続的幸福」などと訳されています。しかし、いまだ定訳がないのが現状と言えそうです。

しかしこれが、従来「幸せ」をテーマとしたポジティブ心理学と、どのような違いがあるのか、と疑問を持つ人が多いと思います。

当初のポジティブ心理学は、「幸せ」をテーマとして、その評価基準を「人生の満足度」ととらえていました。ここでは「人生の満足度の増大」がポジティブ心理学の目的となります。

しかし、先にも見たように人生の満足度は刹那的気分に左右されやすいものです。そこでセリグマンは、「①ポジティブ感情（快い人生）」「②エンゲージメント（第3章で述べるフロー体験を伴う充実した人生）」「③意味・意義（自分よりも大きいと信じるものに属して、そこに仕えるという生き方）」「④関係性（他者との関係）」「⑤達成（成功）」という5つの要素（頭文字を取ってPERMA〈パーマ〉と呼ぶ）の組み合わせがウェル・ビーイングを構成すると考えるようになりました。

またセリグマンは、ポジティブ心理学に関する本格的な読み物となったアメリカ心理学会発行の学術誌「アメリカン・サイコロジスト」の２０００年55巻1号に、ミハイ・チクセントミハイ（この人物についてはのちに詳しくふれます）と共同で掲載した論文の中で、ポジティブ心理学を「人間が最大限に機能するための科学的研究であり、個人や共同体を繁栄させる要因の発見と促進をめざす学問」と定義しています。

つまり、ポジティブ心理学は、「楽しい人生＝快楽を求める人生」の実現ではなく、「人間が最大限に機能すること＝有意義な人生」を目指すものであり、その点を明確にするためにウェル・ビーイングやフラーリッシングの概念を導入したように見えます。

以上を考慮してのことだと思います。ポジティブ心理学者イローナ・ボニウエルはポジティブ心理学を次のように定義しています。

人間の生活におけるポジティブな側面、つまり、幸福やウェル・ビーイング（よい生き方、心身ともに健康な生き方）、繁栄（筆者注：フラーリッシング）について研究する学問。

イローナ・ボニウエル『ポジティブ心理学が1冊でわかる本』（2015年、国書刊行会）

このように、「継続的なウェル・ビーイングの状態＝フラーリッシング」を目指す方法を科学的に研究し、有意義な人生に貢献する学問、これが現在のポジティブ心理学の基本的な態度にほかなりません。

## ●ポジティブ心理学のルーツ

過去を振り返ると、「幸福」や「有意義な人生」はすでにギリシア時代の哲学者の主要テーマの1つになっていました。たとえばソクラテスについて見てみましょう。

ソクラテスは、人は良いことを欲し、各自が良いと思ったことを行うと考えました。しかしその人が良いと思うことと、世間が欲求していることが一致するとは限りません。

これを一致させることができるなら、人はそこに幸福を見出せるでしょう。そのためには自分の魂をできるだけ優れたものにしなければならない、とソクラテスは説きます。これを「アレテー（徳）」と呼び、中でも「知恵」「節制」「勇気」「公正」がアレテーの中で重視されました。

ソクラテスを師と仰ぐプラトンは、世界の根本原理を考える従来の哲学に疑問を抱いていました。そして、人が世界の根本原理について考えるのは、人ができるだけ幸福に暮らせること、つまり「善く」暮らせること、これが最大の欲求だからだと考えます。

では、人はいかにして「善く」暮らせるのか。プラトンの答えは「真」「善」「美」という物事の一番大事な本質を追求することでした。これがプラトンのイデア論の基礎になります。

さらに、プラトンの弟子ではあるものの、師と主張を鋭く対立させたアリストテレスも、人にとって幸福の実現は欠かせないものだと考えました。そしてアリストテレスは、人が幸福に生きるには、「内なる自己（ダイモン）」に忠実であることが重要になると主張しました。

ダイモンに従って生きるということは、官能的ではなく、理性でコントロールして生きることであり、その結果として幸福が得られるとアリストテレスは考えました。

アリストテレスはこの幸福のことを「エウダイモニア（善き魂）」と表現しました。このエウダイモニアは、現在のポジティブ心理学が目指しているところと一致するようです。

また、西洋心理学の歴史の中でもポジティブ心理学以前に、「幸福」や「有意義な人生」の実現を目指す系譜が存在しました。人間性心理学がそれです。

人間性心理学は、1950年代、従来の心理学に飽きたらない心理学者が新たに巻き起こした心理学の新しい潮流です。その中心的役割を果たしたのが、人間性心理学の創始者であるアブラハム・マズローです。

## ●アブラハム・マズローのアプローチ

アブラハム・マズローは、1908年4月1日、米ニューヨークのマンハッタンで、父サミュエル、母ローズの長男として生まれました。ニューヨーク市立大学で哲学や心理学を学んだあと、コロンビア大学の研究員を経てニューヨーク市立ブルックリン大学で心理学の講義を受け持ちます。これが1937年のことです。

第二次世界大戦前に相当する当時の心理学界には大きく2つの潮流がありました。1つは行動主義心理学、もう1つはフロイト心理学でした。

行動主義心理学は、米ジョンズ・ホプキンス大学の心理学者ジョン・ワトソンが提唱したもので、人間を客観的かつ科学的に研究することを目指します。そのため客観的に観察可能である刺激と反応から人間の行動を分析しようとしました。心理学に夢を託したマズローも、熱烈な行動主義心理学の信奉者としてそのキャリアをスタートさせています。

しかし、すべての人間の行動は、条件づけられ、条件づけることが可能だと考える行動主義心理学に、やがてマズローは疑問を抱きます。そして、行動主義心理学は適用できる範囲が狭すぎて原理一般としては限界がある、という結論にマズローは至ります。

またマズローは、ジークムント・フロイトが創設したフロイト心理学からも距離を置いていました。マズローは無意識にスポットを当てたフロイトに大いに敬意を払っていました。しかし、無意識を邪悪な存在だと考え、無意識から生まれる欲求は文明の価値観と対立するという立場を取ったフロイトに、マズローは賛成しかねました。

これに対してマズローは、必ずしも無意識は悪ではなく、確かに不健康な無意識はあるものの、健康的な無意識も存在すると考えました。

マズローは「欲求の階層」（通称「マズローの5段階欲求」）を提唱した心理学者としてあまりにも有名です。この欲求の階層の背景にあるのが健康的な無意識の考え方です。

マズローは欲求の階層が「生理的欲求」「安全の欲求」「所属と愛の欲求」「承認の欲求」「自己実現の欲求」と考えました。これらの欲求は、人間が共通して持つ基本的欲求であり、人が意識せずとも生じるものだとするのがマズローの考えでした。

そして、いわば無意識を原動力にするこれらの欲求は階層構造になっていて、人はよりレベルの低い欲求を満足させることでより高次の欲求に対処するようになるとマズローは考えました。つまり、より高次の欲求を満足させることは人間の成長を示しており、したがって無意識は人間の成長を促す原動力になるという意味で、極めて健康的な存在となります。

マズローは自分自身が提唱した欲求の階層により、成長した人間、より完成した人間について大きな興味を持つようになります。この興味はやがて自己実現した人間（自己実現者）の研究として開花するのですが、ここでもマズローはフロイト心理学と鋭く対立しました。

そもそもフロイト心理学が対象にしたのは精神的に病んでいる人々、つまり不健康な人間でした。しかしすべての人間が不健康だというわけではありません。そういう意味でフロイト心理学が扱うのはあくまでも人間の一面であり、これとは別に「健康心理学（health psychology）」ともいうべき残り半分を研究する分野が必要になります。

このような考え方からマズローは、健康な人間、中でも優れて健康な人間の代表である自己実現者を研究の対象にしてその特徴を明らかにしようとしました。マズローは言います。

もしも、人間の精神的成長、価値的成長、道徳的発達の可能性を知ろうとすれば、最も道徳的、倫理的な聖人を学べばよいと私はいいたい。（中略）最も健康な人びと（あるいは、最も創造性に富んでいる人、頑健な人、最も賢明な人、聖人中の聖人と呼ばれる人）は、生物学的試金石、換言すれば進歩した人間、感受性の高い認知者として、われわれのような普通の神経をもつ者に、何が価値があるのかを教えてくれるものである。

アブラハム・マズロー『人間性の最高価値』(1973年、誠信書房)

このようにマズローは、最も健康な人を研究対象にして、その研究成果を普通の人々に役立てて、健康な人がより健康になれることに心理学は貢献すべきだと考えました。この点はマズローの打ち立てた人間性心理学の真骨頂と言っても過言ではありません。

## ●人間性心理学とポジティブ心理学

こうしてマズローは1950年代以降、健康的な人間、中でも自己実現者を対象にした人間性心理学の研究に精力を注ぎます。同時期にマズローと歩調を揃えた心理学者には、クライアント中心療法を開発したカール・ロジャーズやゲシュタルト療法の創始者であるフレデリック・パールズらがいました。これらの研究アプローチは従来の心理学から一線を画していたために「第3勢力の心理学」と呼ばれます。

それはともかく、ここで注目したいのは人間性心理学とポジティブ心理学の関係です。もう一度、フロイトとマズローの立場の違いを確認してください。フロイトは不健康な人間、精神的に病んでいる人間を研究の対象にしました。しかしそれは人間の一面にしか過ぎないというのがマズローの立場でした。その上でマズローは、健康心理学とでも呼べる領域が不可欠であると主張して、優れて健康な人間である自己実現者を研究対象にしました。

一方、ポジティブ心理学の提唱者であるマーティン・セリグマンは、第二次世界大戦以降の心理学は精神的な病の面ばかり強調して、健康な人がより健康になるような心理学的研究がおろそかになっていた、と指摘しました。そのためセリグマンは、「自分自身のマイナス5の部分をマイナス3にするのではなく、プラス2の部分をプラス7にする方法を考えること」が必要だと言ったわけです。

とはいえ、もはや明らかなように、セリグマンと同様の主張は、すでにマズローによってなされています。実際、ポジティブ心理学という言葉を最初に用いたのもマズローだったと言われています。この点でポジティブ心理学は人間性心理学と同根だと考えても間違いではないでしょう。

また、人間性心理学とポジティブ心理学の目指すところも多大に重複しているように見えます。マズローは健康的な人間の代表である自己実現者を研究することで、普通の人の人間的成長に貢献しようと考えていました。では、一般の人間よりもより高度に成長した自己実現者とはどのような性質を持つのでしょうか。

自己実現とは、「人が潜在的に持っているものを開花させて、自分がなり得るすべてのものになること」です。そして自己実現欲求とは、よりいっそう自分自身であろうとする強い欲求にほかなりません。ちなみに、アリストテレスは、良い人生とは、人が自分の長所を伸ばし、可能性を実現し、本来あるべき姿になることだと説きました。マズローの主張もアリストテレスと同じです。

一方、セリグマンは、ポジティブ心理学を「人間が最大限に機能するための科学的研究」だと定義したことは先に述べました。セリグマンが言う「人間が最大限に機能する」ということは、人間が持つ潜在的能力を十分に開花して、自分がなり得る最高の自分になることだと言い換えられます。つまり、マズローの人間性心理学とポジティブ心理学の目指すところは同じなわけです。

以上のような事情からポジティブ心理学のルーツは、マズローの人間性心理学にあると言っても支障はないと思います。一部のポジティブ心理学者も同様に考えているようです。

しかしながらそれでも、ポジティブ心理学では人間性心理学との違いを強調します。その違いとは、人間が最大限に機能するための「科学的研究」という部分です。

## ●科学的手法としてのポジティブ心理学

ポジティブ心理学の立場からすると、人間性心理学は統計を駆使した定量的な研究よりも、定性的な分析に力点を置きがちに映るようです。これに対してポジティブ心理学では、科学的手法を尊重し、科学的であることを研究の基礎に据えている、と主張します。つまり、研究テーマは似ているものの、用いる手法が異なるというのがポジティブ心理学の主張です。

　確かにマズローが自己実現者にとった研究手法は質を重視したもので、客観性に疑問が生じないわけではありません。しかしながら、人間性心理学が非科学的であるという主張に対して、人間性心理学者からは鋭い反論の声が上がっています。

　この論争については、部外者である私には詳細がつかみきれません。ただ、ポジティブ心理学が人間性心理学と研究テーマを同じくするのならば、人間性心理学の過去の成果を十分に理解して活用すべきでしょう。過去の成果を無視して仮に同じ研究を繰り返すのは、あまりにも愚かだと言わざるを得ません。

　また、仮に人間性心理学が非科学的だとしたならば（もちろん仮定での話です）、人間性心理学が得た成果をポジティブ心理学が科学的に証明する道もあるに違いありません。

　いずれにしても、科学的態度は研究に不可欠なアプローチです。そしてこの科学的態度は、とかくポジティブ心理学と混同されがちなポジティブ思考とを分かつ重要なポイントになります。

　ポジティブ・シンキングとも呼ばれポジティブ思考とは、物事を前向きにとらえて対処する生活スタイルです。ポジティブ心理学もポジティブな思考態度の重要性を説きます。しかしそれは科学的裏付けがあってのことで、この点でポジティブな態度の利点を科学的アプローチで証明するわけではないポジティブ思考とは大きく異なります。

では、ポジティブ心理学の名称となっている「ポジティブ」とは、一体何なのか。ポジティブな態度とポジティブ心理学の関係とは何か。ポジティブ心理学が科学的に証明するポジティブな態度の利点とは何なのか。

続く第2章では、これら「ポジティブ」にまつわる話をしたいと思います。

# 第2章　ポジティブな態度が持つ効果

## ●ポジティビティとネガティビティ

多くの外国語と同じく、「ポジティブ」という語もほとんど日本語化しました。日本語化した外国語を改めて翻訳するのは時に困難なものですが、ポジティブは「前向きな」「建設的な」を意味する形容詞です。これが「ポジティビティ」という名詞形をとると「前向きであること、前向きな態度」「建設的であること、建設的な態度」という意味合いになります。

さらにポジティブ心理学では、「ポジティブ感情」という言葉をよく用います。これは「前向きな態度・建設的な態度の際に私たちが持つ感情」だと理解できます。ポジティブ感情には、喜びや感謝、安らぎ、興味、希望、誇り、愉快、鼓舞、畏敬、愛、さらには楽しみや歓喜、恍惚感、希望、感動といった多様な種類があります。

また、ポジティブの対義語は「ネガティブ」です。こちらもほとんど日本語化していると言っていいと思います。ネガティブは「否定的な」「後ろ向きな」という消極的な意味を持ちます。先のポジティブの訳語に準じると「前向きでない」「非建設的な」となるでしょう。

また、非建設的であることは破壊的であることに通じます。実際、ネガティブな言動や態度は、相手や自分を破壊することさえあることは、皆さんも承知だと思います。

しかしネガティブな態度が全て悪だというわけではありません。そもそもネガティビティは、人間の進化に重要な役割を果たしてきました。ネガティブ感情には恐怖や怒りがあります。たとえば私たちは恐怖を抱くと逃げます。また、怒りを感じたら戦います。これらは人が生存する上で欠かせないものだったと言えます。

とはいえ、ネガティビティは重要なものであるという理由から、ポジティブな態度が否定されるわけでもありません。というのも、ネガティブな態度よりもポジティブな態度を取る方が、人間の選択としてごく自然のように見受けられるからです。

たとえば、ここに2つの生き方があります。皆さんならばどちらの生き方を選びますか。

①私はどちらかといえば、悲しく、ふさぎ込み、文句を言い、怒り狂う生活をしていたい。
②私はどちらかといえば、楽しく、快活で、夢あふれ、喜び合える生活をしていたい。

①を選んだ人はどちらかといえばネガティブな人生を志向し、②を選んだ人はどちらかといえばポジティブな人生を志向すると言えるでしょう。たぶん、たいていの人は②を選んだに違いありません。

では、いずれがより健康的な生き方でしょうか。これは明らかに②でしょう。このように人間は、生得的により健康的な生き方、すなわちポジティブな生き方を選択するようにできているようです。

実際のところ、ポジティブな生き方には利点が多いことが、多様な実験から明らかになっています。以下、ポジティブ心理学が「科学的」に証明した、ポジティビティの利点について解説することにしましょう。

## ●ポジティビティは人を長寿にする、幸せにする

最初はポジティブな態度が長寿や幸福に貢献するという研究結果から紹介します。この研究事例は、修道女１８０人を対象にしたもので、ポジティブ心理学の書籍で頻繁に取り上げられています。それだから知っているという人も多いかもしれません。

彼女たち修道女の特徴とは、世間から隔離され、毎日同じ生活を送っているという点です。酒は

飲まずタバコも吸わず、食事内容も同じです。男性との交わりもありません。

しかしながら、98歳になっても病気ひとつしない元気な修道女もいれば、59歳で脳卒中に倒れ間もなく亡くなった修道女もいます。この健康および寿命の違いはどこから来たのかを究明するために、彼女たちが見習い期間中に書いた文書を調査することになりました。

研究者らは彼女たちの文書から「とても幸せ」「心からうれしい」などといったポジティブ感情を表す言葉を拾い出し、その量によって快活な修道女と快活でない修道女にグループ化しました。その上で寿命との関係を調べました。

その結果、最も快活なグループではその90％が85歳になっても生存していましたが、最も快活でないグループでは34％しか生存していませんでした。また、ポジティブな感情語の多かった上位25％は下位25％に比べて、平均で10年も長寿だったこともわかりました。

ほかにも不幸の表現度、将来への期待度、信心深さ、知的レベルなどとの相関も調べられましたが、健康と長寿に関係があったのはポジティブな感情量だけでした。このように、ポジティブな態度と長寿には密接な関係があるようです。

ポジティビティと長寿の関わりについては、老人ホームに入居する老人を対象にした興味深い研究もあります。この研究では、老人ホームの2つのフロアを任意に選び、一方のフロアでは生活スケジュールを決めることから植物の水やりまで、ありとあらゆることを介護者が行いました。これに対してもう一方のフロアでは入居者にある程度選択の自由を与えました。たとえば、自分が育てる植物を決めてもらい、自分の責任で管理してもらいました。

1年半が過ぎて両フロアの老人を比較すると、日常生活で多くの選択ができたグループは、そうでないグループより健康状態が良かったことがわかりました。また生存率についても、すべて介護者が行ったグループよりも、選択と自由を与えたグループのほうが2倍も高い結果になりました。

続いてポジティビティと幸福の関係について調査した有名な研究を紹介しましょう。卒業アルバムの写真に写っている、卒業生の笑顔とその後の人生の満足度の関係について調査した研究です。

笑顔には本物の笑顔と偽物の笑顔があります。笑顔を作る際に人は顔の両側にある「大頬骨筋《だいきょうこつきん》」を使って唇の両端を引き上げます。しかしこれだけならば本物の笑顔とはいえません。いわゆる「作り笑い」になってしまいます。

というのも、本物の笑顔では、口の端が上向きになるのと同時に、「眼輪筋《がんりんきん》」という目の周りの筋肉が頬を持ち上げて、目尻にカラスの足のようなしわを作ります。この眼輪筋という筋肉は、自分の意思でコントロールするのは不可能で、本当に笑っている時にしか動かせません。この本当の笑いを発見者のギョーム・デュシェンヌにちなんで「デュシェンヌ・スマイル」や「デュシェンヌの笑い」と呼んでいます。

研究者は1960年にミルズ大学を卒業した141人の女性を抽出し、卒業アルバムの笑顔を分析しました。そのうち笑っていない女性が3人、残りの女性は笑っていました。ただしデュシェンヌ・スマイルだったのはそのうちの半分でした。

その後、彼女たちについて27歳、43歳、52歳における結婚と生活に関する満足度の調査を行いました。その結果、デュシェンヌ・スマイルだった女性のほとんどが結婚をしていて、30年間、心身共に健康だったことがわかりました。また、この研究では、容貌と生活の満足度には相関関係が見られなかったと結論づけています。

これらの研究からわかるのは、ポジティビティが、より長い寿命やより良い健康、幸福に、大きな影響を及ぼす可能性が非常に高いということです。

## ●楽観的な人が成功する

繰り返しになりますが、ポジティビティとは「前向きな態度」です。一方、物事や前途の明るい面を積極的に見る態度を「楽観的」と私たちは言います。「物事や前途の明るい面を見る」とは「物事や前途を前向きにとらえる」と言えるでしょう。

したがって、楽観的な態度、いわゆる「楽観主義（オプティミズム）」は、ポジティビティと非常に密接な関係にあると言えます。本来「楽観的な」は「オプティミスティック」の訳語となりますが、

ポジティブを楽観的ととらえるのはあながち間違いだとは言えないでしょう

この楽観的な態度の効果について調べた大規模な実験に、マーティン・セリグマンが１９８５年に実施した、保険会社メトロ生命に在籍する保険外交員の追跡調査があります。

メトロ生命ではアメリカ全国で毎年1万５０００人もの就職希望者が就職試験を受けます。同社ではセリグマンの協力を得て、１９８５年に実施する試験において、通常のキャリア試験とともに、楽観度を調べる特性診断テストを実施することにしました。

同社では従来どおり、キャリア試験で合格した１０００人を採用しました。ただしその年は同時に、キャリア試験で惜しくも不合格になった受験者から、特性診断テストで上位半分に入った楽観度の高い１２９人を別枠で採用しました。そして１０００人の正規採用組と１２９人の特別班、合わせて１１２９人について2年間の追跡調査を実施しました。

その結果、最初の1年間で、正規採用組のうち楽観度が上位半分の者は下位半分の者より、契約取得率が８％高いことがわかりました。

しかし驚くべきは特別班の契約取得率です。特別枠で採用した楽観度の高いセールスマンは、正規採用者のうち楽観度が下位半分の者よりも、契約取得率が21％も高いことがわかりました。

さらにこれが2年目になると、特別班の契約取得率は、正規採用者の平均を27％上回る好成績を残す結果となりました。

そもそも物事を前向きにとらえる楽観主義は粘りを生み出します。保険のセールスのように、何度も断られる職業では、楽観度の高さが、才能や意欲と同様に極めて重要な要素となるのがわかると思います。

## ●ポジティビティが生理的影響を緩和

ポジティビティが長寿や幸福、さらには職業上の成功と大いに関係があることを見てきました。これ以外にもポジティビティの効果は多数あります。以下、①生理的影響の緩和、②自己拡張効果、③正しい判断の促進の3点について、いずれも実験を通じて得られたポジティビティの効果について解説します。

まず、ポジティビティが生理的影響を緩和する効果から見ていきましょう。これは心理学者バーバラ・フレドリクソン（のちにふれる「拡張‐形成理論」で著名な人物です）による実験で、意図的にネガティブな感情を引き起こした被験者に、ポジティビティやネガティビティの影響を検証したものです。

フレドリクソンらは集まった被験者に「なぜあなたは良い友だちなのか」について発言するようまず言い渡します。その上で、スピーチの様子をビデオで撮影し、のちに仲間が評価するとも伝えました。このため被験者はストレスにより心拍数や血圧が高くなります。

次にそれぞれの被験者に対して4つの映像から1つを見せます。そのうち2種類は喜びや楽しさなど「ポジティブな感情がわく映像」、もう1つは悲しみや怒りなど「ネガティブな感情がわく映像」、最後は「ニュートラルな映像」です。

そして映像を見たあとに、被験者の生体情報を検査しました。つまり、この実験は、スピーチよりもこちらの検査が狙いだったわけです。

検査の結果、ポジティブな映像を見た人は、ネガティブな映像やニュートラルな映像を見た人よりも、「心血管」が急速に回復しました。これは意図的に生み出したポジティブ感情が、人のストレスを抑制するのに効果があることを示しています。

ストレスや不安を意識的に解消することをポジティブ心理学では「ストレス・コーピング」と呼びます。ポジティブ感情はこのストレス・コーピングの有効な手段となるわけです。

また、ストレス・コーピングと類似する言葉に「レジリエンス」があります。レジリエンスは、人が大きなストレス下で挫折を味わったり、不測の悲劇的出来事によって精神的ダメージを受けたりした際の、「精神的回復力」いわば「困難な状況から立ち直る力」を指します。ポジティビティはレジリエンスの向上に役立つことも実験からわかっています。

## ●自己拡張と正しい判断の向上

次にポジティビティが自己拡張効果を促す点についてです。

2つの輪をイメージしてください。一方が自分、一方が相手を示しています。この2つの輪が重なり合ったいくつかの図を示します。そして、自分にあてはめた場合、どの状態が恋人あるいは夫婦の関係に近いかを被験者に尋ねる実験を、心理学者アート・アーロンが行いました。

この結果、輪の重なりが大きいほど、恋人同士ならば関係が長く続くことがわかりました。そこでアーロンは、2つの輪の重なりが大きいほど、相手のパーソナリティを自分のものと考えていると判断し、これを「自己拡張」と呼びました。

一方、前出のバーバラ・フレドリクソンは、このアーロンの輪をポジティブ感情の実験に応用しています。先の映像実験と同様、まず、被験者がポジティブ感情、ネガティブ感情、ニュートラル感情のいずれかを抱くようにし向けます。そのあと、アーロンの輪を示して、被験者と親友の関係がどの図に近いか質問しました。

その結果、ポジティブ感情を抱いていた被験者の方が、より多く重なった2つの輪を選ぶことがわかりました。つまりポジティブ感情は、アーロンの言う自己拡張を促し、良好な対人関係の構築を促進するわけです。

さらにポジティブ感情が、正確な判断を促すという研究結果もあります。被験者は経験豊かな医師です。彼らに架空の患者に関する架空の症状について分析してもらいます。

実験では、医師を３つのグループに分け、第１のグループにはキャンディを配ることで意図的にポジティブ感情を高め、第２のグループには医学誌を読んでもらい、最後のグループには何もしませんでした。

その後、患者に関する架空の症状が読み上げられます。すると、ポジティブ感情を高めたグループでは、症状の20％を読み上げた時点で正しい診断をしました。これは第３のグループの２倍に相当する速さです。

ちなみにこの実験が面白いのは、医師の幸福度を高めるのにキャンディを用いている点です。このプレゼントは本当にささいなものです。しかし、このささいなものから生まれたポジティブ感情が、正しい判断の向上を促すように働いたわけです。今度医師にかかる時、キャンディを持参するのもいいかもしれません。

## ●「拡張‐形成理論」とは何か

以上で見てきたように、ポジティビティには多様な効果があります。このポジティビティが持つ効能を包括的に取りまとめた理論に「拡張‐形成理論」があります。すでに若干ふれたように、この理論は前出のバーバラ・フレドリクソンが提唱したもので、ポジティブ心理学の理論的骨子の1つになっています。

提唱者のフレドリクソンはノースカロライナ大学教授で、ポジティブ心理学テンプルトン賞を最初に受賞した人物です。ほかにも社会心理学会のキャリア・トラジェクトリー賞を受賞するなど、ポジティビティの研究で多数の功績を残しています。

フレドリクソンが提唱した「拡張‐形成理論」とは、ポジティビティが精神の働きを拡張し、人が利用できる資源や能力を形成するという考えです。そして人はこの拡張と形成を繰り返すことで成長することを、フレドリクソンはいくつもの実験を通じて明らかにしました。

まず、ポジティビティが人の精神を拡張するという点からです。ここに四角形のパネルが3枚あります。このパネルを正三角形の形状になるよう配置します。

一方これとは別に2つの形状を用意します。1つは正三角形のパネル3枚で作った正三角形の形状、もう1つは四角形のパネル4枚で作った正方形の形状です。便宜上、前者を形状A、後者を形状Bとしましょう。

では、最初に掲げた四角形のパネル3枚で作った正三角形の形状は、形状Aか、それとも形状Bか、いずれに似ているでしょうか。フレドリクソンはこのような質問を被験者に行いました。これは最初に与えられた形状が、三角形とみなすか、それとも四角形のパーツの集まりととらえるかによって、答えが変わると予想されます。

実験の結果、ポジティブ感情を持っている人は、ネガティブ感情やニュートラル感情を持っている人よりも、形状Ａ（正三角形のパネル３枚で作った正三角形）を選ぶ頻度が高いことがわかりました。

最初に与えられた形状と形状Ａは、構成するパーツは異なります。しかし大局的な形状はいずれも正三角形を示しています。一方、形状Ｂは、構成するパーツは同じものの、大局的な形状は異なります。

このことからフレドリクソンは、ポジティブな感情を持つ人は、視野が広がり大きな構図でものごとを見られることがわかった、と結論づけています。つまりポジティビティは人の精神を拡張してくれるわけです。

## ●精神の拡張で創造性が高まる

ポジティビティによる精神の拡張効果を示す興味深い実験はほかにもあるのですが、ここでは先を急いで、精神が拡張した環境下で人はどのように変化するのかを見たいと思います。取り上げるのは心理学者アリス・アイセンによる実験です。

実験では画鋲の入った箱、マッチ、ロウソクを用意しました。そして、ポジティブ感情、ネガティブ感情、ニュートラル感情を持つそれぞれの被験者に対して、「壁にロウソクを取り付けて、床にロウが落ちないようにしてほしい」と注文します。

さて、皆さんならばどのようにしてロウソクを壁に取り付けて、しかも床にロウが落ちないようにするでしょうか。

正解は意外に簡単です。まず、画鋲の箱を画鋲で壁に取り付けます。そうしたら、その箱を皿代わりにしてここにロウソクを置きます。以上で実験者の注文どおりのことができました。

答えがわかればなんとも単純な話です。しかし暗中模索の段階では、ロウソクを画鋲で取り付けるなど、いろいろな方法に思いを巡らしたに違いありません。

実験の結果では、ポジティブ感情を持つ人のほうが、ネガティブ感情やニュートラル感情を持つ人よりも正解率が高かったということです。つまりポジティブ感情で拡張された精神は、創造性や問題解決力の発揮につながるわけです。

また、ポジティブ感情、ネガティブ感情、ニュートラル感情を生じさせた被験者に対して2つの課題を与えた興味深い実験についても紹介しておきましょう。

まず、スクリーンに映像を映し出し、被験者の視覚的注意の範囲を調べます。視覚的注意とは心理学用語の１つで、視覚が注意を向けている位置を、アイトラッカーなどの専用の装置を用いて調べるものです。

続いて、バラバラの３つの言葉を示して関係する言葉を考えてもらいます。たとえば「パソコン」「屋根」「三輪車」のようなつながりの薄い言葉から、被験者は３つに関連する言葉を考えます。

視覚的注意の範囲が広いということは、精神の拡張を意味します。また、関連する言葉のアウトプットとは創造性と深いつながりがあるでしょう。実験の結果、どちらの実験でも、ポジティブ感情を持つ被験者の成績が良いことがわかりました。

この結果から、精神が拡張している人は、創造性も豊かだと結論づけられるでしょう。フレドリクソンは、「クリエイティブな解決策を早急に必要としているときには、ポジティビティに投資するのが最良の方法」（『ポジティブな人だけがうまくいく３：１の法則』２０１０年、日本実業出版社）とさえ述べています。

ポジティブな感情でいるとものごとをとらえる視野が広がります。これにより新たな学習が行われ、創造性が培われます（拡張効果）。また、将来にわたって有効な知的、社会的、身体的なリソース（資源）を生み出します（形成効果）。これが螺旋的に繰り返されることで人の成長が促進され、持続的な幸福への道が広がります。「拡張 - 形成理論」は以上の点を実験から明らかにしています。

ちなみに私たちがネガティブ感情を抱くと、行動の選択肢が狭まります。恐怖は逃げるという行動を誘発し、また怒りは戦うという行動を誘発するようにです。この選択肢の狭まりは、ポジティブ感情によって生じる拡張・形成と対照的と言えるでしょう。人間が生存するには、いずれの能力も必要だったと考えられます。

## ●ポジティビティでチームの生産性を高める

次にポジティビティがチームの生産性を高める話です。マルシャル・ロサダは、ミシガン大学で心理学博士号をとったあとビジネス界で働き、ビジネス・コンサルタントして活躍しています。ロサダの関心はビジネス界における優れたマネジメント・チームに関する研究でした。

ロサダは60にものぼるマネジメント・チームを対象に、会議での発言を採集しました。そして、すべての発言をコード化して、「ポジティブか、ネガティブか」「自分中心か、他者に言及しているか」「質問か、自説の擁護か」という基準で分類しました。さらに、分類した言葉から、メンバー間のポジティブな相互作用とネガティブな相互作用の比率を割り出しました。

これとは別にロサダは、60のマネジメント・チームそれぞれについて、「生産性」「顧客満足度」「社内評価」を調査しました。結果、25％のチームが3つの指標で高い評価を獲得していました。また、30％のチームが3つの指標すべてで劣っており、残り45％はある指標は優れているものの他の指標では劣っている混合の成績だということがわかりました。

以上のデータを基にしてロサダは、会議中の発言とパフォーマンスの相関について分析したのです。その結果、高いパフォーマンスのチームでは、ポジティブな発言とネガティブな発言の比（ロサダはこれを「ポジティビティ比」と呼びます）は、「6：1」と非常に高いことがわかりました。

これに対して低パフォーマンスのチームは、ポジティビティ比が「1：1」にも届かず、混合グループの場合は「2：1」程度にとどまることもわかりました。

ロサダは以上の結果を数学的に計算することで、高いパフォーマンスのチームとそうでないチームを分ける分岐点を発見しました。その計算によるとポジティビティ比が「2・9013：1」以上になると、チームのパフォーマンスが高くなることを突き止めました。

つまりポジティビティの量がネガティビティの2・9013倍以上になった時、チームは高いパフォーマンスをアウトプットするようになる、ということです。この「2・9013：1」は、発見者の名をとって「ロサダ比」や「ロサダライン」とも呼ばれています。

## ●ロサダ比を心理学的手法で検証する

「拡張‐形成理論」を提唱したバーバラ・フレドリクソンは、このロサダ比が正しいことを、心理学の手法で帰納的に証明してみせました。フレドリクソンが取ったのは次のような手法です。

まず、事前に実行してあった予備調査から被験者の精神的な健康状態を把握します。この結果からフラーリッシング（第1章で紹介したセリグマンによる用語です）な人を特定します。その数は5人に1人ほどでした。

次にこれらの被験者は、4週間にわたって感情的な経験を報告するよう義務づけられます。これは「ポジティビティ比の自己診断テスト」と呼ばれるもので、20項目の感情について過去24時間にさかのぼり、「0（まったく感じなかった）～4（非常に強く感じた）」の範囲で回答します。

このテスト結果を毎日メールで送信してもらい、日々のネガティビティとポジティビティを集計します。フレドリクソンはこの要領で2セットのデータを収集しました。

その結果、フラーリッシング状態にある人は、2セットのデータの平均がそれぞれ「3・2：1」と「3・4：1」でいずれもロサダ比を上回りました。

これに対してフラーリッシング状態でない人では、平均が「2・3：1」と「2・1：1」でロサダ比を大きく下回りました。以上の結果から、ロサダが数学的に算出した値は、心理学的手法からも裏付けられたわけです。

フレドリクソンは、本当にポジティブと言えるこの分岐点を「3：1」と簡略化しました。「2・9013：1」では覚えにくいからです。また、ポジティビティ比が「3：1」だと「2・9013：1」

を上回っていますから、高いパフォーマンスが期待できるポジティブな状態と言えます。

この「３：１」は私たちに重要なメッセージを送ってくれます。被験者となったフラーリッシング状態でない人は、決して精神的に病んでいたわけではありません。健康な人々です。しかしより繁栄した状態になるには、ポジティビティ比を「３：１」以上にする必要があります。フレドリクソンはこれを「３：１の法則」と呼びました。

ポジティブティ比を「３：１」以上にするということは、ネガティブ感情を１つ経験したら、ポジティブ感情を３つ持つようにしなければならないということです。こうすることでポジティビティが高まり、結果、生産性をはじめとしたパフォーマンスの向上が期待できると考えられます。

つまり「３：１の法則」を意識した生活を送ることが、私たちのパフォーマンスを高める鍵となるということです。

もっともポジティビティ比は高ければ良いというものでもありません。ポジティビティ比が「13：1」のような高い数字になると制御がきかなくなります。何ごとにも中庸《ちゅうよう》というものがあるわけです。

「それならば、ポジティブな感情を意識的に持つにはどうすればいいのか？」

なるほど。このような問いが聞こえてきそうです。ポジティブ心理学ではその手法をも私たちに教示してくれるわけですが、いきなり各論（ポジティブになる方法）について斬り込むよりも、まずは私たちが感情を抱く際の仕組みについて知っておくのが得策です。

## ●感情は認知から生まれる

「2度あることは3度ある」「3度目の正直」。

どちらのことわざも使ったことがあると思います。しかしながら、両方のことわざを比べると、その矛盾に気がつくと思います。一方は3度目も同じ事が続き、もう一方は3度目こそ違う結果が出ると述べているからです。

たとえば、何かのゲームをしていると想像してください。運悪く2連敗しました。このとき私たちはどのように考えるでしょうか。

「2度あることは3度ある。こりゃ、次のゲームもきっと負けだな」

このように考える人がいるでしょう。しかし次のように考える人もいるに違いありません。

「3度目の正直。今度こそ私の勝ちだな」

いかかでしょう。このように同じ対象（今の例で言うと2連敗という事実）であっても、そのとらえ方は人それぞれです。また、同一人物であったとしても物事のとらえ方が一定しているとは限りません。気分上々の時には「3度目の正直」と考えるかもしれませんし、気分がすぐれない時は「2度あることは3度ある」と考えてしまうかもしれません。

また今回の場合で言うと、「3度目の正直」と考えるのはポジティブな態度と言えるでしょうし、

「2度あることは3度ある」と考えてしまうのはネガティブな態度と言えるでしょう。この結果として私たちは、ポジティブ感情やネガティブ感情を抱くでしょう。つまりこれらの感情は、自分の考え方や態度に大きく左右されることがわかります。この点についてさらに詳しく考えるには、人が何かの出来事に遭遇して、何らかの感情を抱くプロセスを検証してみる必要があります。

私たちが何かの現象を認識し、そこから何らかの感情が生起するには、その出来事に対する理解が必要です。より具体的に言うならば、ゲームに2度負けたと認識したら、この経験に対する解釈、たとえば「何とも運の悪いことよ」とか「偶然に過ぎない」といった判断をする必要があります。この処理を経て私たちは感情を抱きます。つまり私たちの感情は、物事に関する私たち自身の理解や解釈から生まれます。「いいこと」という解釈からは、嬉しさや幸せといった感情が生まれるでしょう。また、「悪いこと」という解釈からは、落胆や嫌悪といった感情が生まれるに違いありません。繰り返しになりますが、これらの感情は私たち自身の理解や解釈に依存します。

そして「2度あることは3度ある」と「3度目の正直」からもわかるように、同じ現象を目の前にしても、人によって解釈は異なります。さらには、同じ人物が同じ現象を認識したとしても、時や場所によって判断が異なることもあります。

気分がめいっている時に2度続けてゲームに負ければ、「2度あることは3度ある」と、どうせ次の試合も負けるのだろうと悲観的に考えてしまうでしょう。そうするとさらに気分は落ち込みます。

逆に気分が高揚している時に2度続けてゲームに負けても、「次こそ3度目の正直」と、次の試合は必ず勝つに違いないと楽観的に考えるでしょう。そうすれば気分が落ち込むこともありません。

## ●ポジティブ感情はオンにできる

認識した物事の良し悪しを解釈するという過程は、私たち自身がコントロールできる作業です。理解の仕方は私たちの手の内にあります。

一方、現実を理解して解釈することで私たちは感情を抱きます。ポジティブ感情になるかネガティブ感情になるかは、経験に対する私たちの解釈に準拠します。そしてこの解釈は私たちの管理下にあります。したがって、この経験に対する解釈を、ポジティブ感情が生まれやすいようにコントロールできるはずです。これが先ほどの問いに対する答え、ポジティブな感情を意識的に持つための極意となります。

ポジティブ感情が生まれやすい理解の仕方とは、物事の明るい面を考えるように努めることです。これはある意味で楽観主義にほかなりません。

あるいは、自分が恵まれている点を考えてみることです。毎日、太陽が昇ったり、白いご飯を食べられたりすることは、実はとても「有り難いこと」です。こうしたありふれたことを「有り難い」

と解釈するだけでも、ポジティブ感情が湧いてくるものです。

ちなみに、私たちは人に感謝する時に「ありがとう」と言います。この「ありがとう」は「有り難し」からきています。「有り難し」とは「現実に存在することが困難なこと」、「稀にしか存在しないこと」にほかなりません。「ありがとう」とは、そうした実在が困難な経験に対する感謝の言葉です。だから「ありがとう」と口にすると、ポジティブ感情が生じるわけです。

さらには、気分が落ち込む出来事が起こった時でも、今うまくいっている点を考えてみることです。悪いことが起こると、得てして私たちは「最悪の事態」と考えがちです。ところが、冷静さを失って無謀な行動をとると「さらなる最悪の事態」が待ち構えています。

そうです。たいていの場合、「最悪の事態」は最悪ではありません。もっとさらに悪い事態が存在します。ですから、最悪という判断は正しくありません。ならば、さらに悪い事態に比べてうまくいっている面にスポットを当てましょう。

このように、感情はコントロールできます。また、コントロールするための具体的手法は、第5章でさらに詳しく述べることになりますが、ここではポジティビティやポジティブ感情を手に入れるのは、万事私たちの考え方しだいだと理解してください。

ポジティビティの効能を手にするのも手にしないのも、私たち自身の考え方にかかっているということです。

# 第3章　目標が持つ強力な威力

## ●目標の持つ強烈なパワー

本章でたびたびふれることになる心理学者ミハイ・チクセントミハイは、ポジティブ心理学の創始者であるマーティン・セリグマンと共同で論文を執筆するなど、ポジティブ心理学とも関係の深い人物です。

チクセントミハイは少々変わった経歴の持ち主です。父親はハンガリーの貴族でローマ駐在大使でした。そのためチクセントミハイもイタリアに住んでいました。

１９４８年、ハンガリーはソ連のスターリンによって占領されます。父親は大使館を離れて亡命外国人になり、ローマでレストランを開業しました。先祖伝来の家具はベオグラードとザグレブの美術館行きになったということです。

イタリアで哲学や歴史、宗教を学んだチクセントミハイはアメリカに渡り、シカゴ大学で心理学の博士号を取ります。その後、シカゴ大学の教授を経て、クレアモント大学院大学のドラッカー・スクール・オブ・マネジメントで心理学を教えています。

このチクセントミハイの著作に『フロー体験 喜びの現象学』（1996年、世界思想社）という名著があります。この作品の中でチクセントミハイは、本章のテーマである「目標」と関連が深く、しかも飛びきり興味を引くエピソードを紹介しています。

ハンガリーの共産主義政権の抑圧が激しかった時、数年間独房で過ごしたトーラス・チボールという人物がいました。チクセントミハイは、このチボールが語った話として、彼が収容されていたビセグラード刑務所では、同じく収容されていた数100人もの知識人が1年以上もの間、詩のコンテストに没頭していたという驚くべきエピソードを紹介しています。

まず、彼らは翻訳する詩の候補を挙げて、伝言を独房から独房へと巡回させました。この伝言は巧妙に作られた暗号でできています。この候補を挙げるだけで数ヵ月を要しました。

次に投票で最も多かった詩を翻訳の候補に選びます。選ばれたのは収容者の誰もが知っているという理由から英語のウォルト・ホイットマンの詩でした。この選定作業と結果報告だけでもまた数ヵ月を要します。

続いて全収容者がホイットマンの詩をハンガリー語に翻訳し始めます。しかし紙や鉛筆はありません。靴底に石鹸を塗り、それに爪楊枝で文字を刻むなどの創意工夫で、自作版の翻訳詩を作り上げていきます。

これらの詩は暗号化されて独房の中を回り始め、やがて1ダースもの詩が巡回し始めました。収容者はこの中から最も素晴らしいと思う翻訳を投票します。そしてその投票結果が、やはり暗号で独房から独房へと伝えられました。

この一連の作業で1年以上が過ぎたといいます。しかも収容者たちは、ホイットマンが終わったあと今度はシラーの詩に取り組んだというのですから、驚くほかありません。チクセントミハイはこのエピソードに関して次のように述べています。

すべての意欲が挫折した時でさえ、人は自己を構成するための意味のある目標を求めねばならない。そうすれば、その人が客観的には奴隷であったとしても、主観的には自由である。

ミハイ・チクセントミハイ『フロー体験 喜びの現象学』

## ●目標とポジティブ心理学の関わり

チクセントミハイの言葉には深い響きがあります。人は逆境にあっても目標を掲げることで、主観的な自由を手に入れられます。仮に奴隷であったとしてもです。

そして人が目標に向けて活動を集中させると内的な変化を経験します。それは自分が意義あることに力を注いでいるという充実感です。

チクセントミハイが語る収容所の人々の顔を思い浮かべてください。彼らは収容所の生活できっと疲弊していたことでしょう。しかし詩の翻訳という目標に没頭している時、石鹸を塗った靴底に文字を刻んでいる時、彼らは独房にいながらも、きっと充実した時間を送っていたに違いありません。これはポジティブ心理学の主テーマであるウェル・ビーイングを考える上で極めて重要なポイントです。

ウェル・ビーイングとは自分の人生が良い人生であると感じられる状況です。そしてウェル・ビーイングが継続する状態をフラーリッシングと呼びました。このフラーリッシングの達成がポジティブ心理学の使命になります。

一方、私たちは目標を掲げ、それに没頭することで充実した時間を過ごせます。この充実した時間とは、あとから振り返れば自分の人生が良い人生だと感じられる状況でしょう。つまりウェル・ビーイングです。

確かに収容所では身柄を拘束されていますから不自由です。しかし目標を持つことで精神的には自由になれます。これは収容所であれ、目標を持つことで精神的にはウェル・ビーイングの状態になれることを意味します。収容所でさえそうです。となると社会で自由に活動できる私たちは、目標を持ちそれに打ち込むことで、もっと容易にウェル・ビーイングに至れるはずです。

このように考えると、目標それ自体が重要なのではありません。チクセントミハイが言うように「重要なのは目標が人の注意を集中させ、達成可能な楽しい活動に熱中させること」だと言えるでしょう。

以上から次のことがわかります。理想的なのは、人生の目標を掲げて、それに全身全霊を傾けられる状況を作り出すことです。そうすれば、一生を通じて継続的なウェル・ビーイングを達成できるでしょう。これはポジティブ心理学が目指すフラーリッシングの実現にほかなりません。

つまり目標を持ち、目標に向かって行動するということは、私たちがウェル・ビーイングな生活を送る上で、最も重要な鍵だと考えても間違いではありません。以下この章では、目標とフラーリッシングの関係をより詳しく見ることにしましょう。

## ●目標と幸福のフロー理論

幸福な生活と目標との関係を示した理論の1つに、ミハイ・チクセントミハイが提唱した「フロー」があります。ある人が特定の行為に全人的に没入している時、その人が感じる包括的感覚を、チクセントミハイはフローと呼びました。チクセントミハイの言葉を借りるとフローは次のように定義できます。

一つの活動に深く没入しているので他の何ものも問題とならなくなる状態、その経験それ自体が非常に楽しいので、純粋にそれをするということのために多くの時間や労力を費やすような状態。

ミハイ・チクセントミハイ『フロー体験 喜びの現象学』

そもそもチクセントミハイがフローについて研究するようになったのは1968年にさかのぼります。当時、チクセントミハイの学生たちが「大人の遊び」をテーマに取り上げたことに始まったといいます。

絵画に親しみ、ロッククライミングやチェスを趣味としたチクセントミハイは、これらの活動が楽しく有意義なものだと考えていました。そこでチクセントミハイは学生たちに、「十分な時間（週平均5時間かそれ以上）を、それ自体の楽しみのためだけに費やしている人々に会い、話をして、なぜそれをするのか、理由を聞き出してくること」と頼みました。

こうしてチクセントミハイは、以後、人がある行為に没入している状態に関する膨大な量のデータを集めます。その範囲は、ロッククライミングやチェス、バスケットボール、芸術や科学を含む創造的活動一般、医療の手術にまで広がりました。そして、全人的に行為に没入している時に人が感ずる感覚の特徴を明らかにしていきます。

ちなみにフローという命名は、チクセントミハイが多数収集したインタビューの中で、多くの人々が行為に没入している状態を「流れているような感じだった」「私は流れに運ばれた」のように、「フロー（flow）」という言葉を用いたことに起因します。チクセントミハイは多数収集したデータを帰納的に分析することで、フローになる条件やフローが持つ特徴を明らかにしました。

①目標が明確で、
②迅速なフィードバックがあり、
③スキル（技能）とチャレンジ（挑戦）のバランスが取れたぎりぎりのところで活動している時。

この３つの条件が揃ったとき、人はフローを体験する可能性が高くなるとチクセントミハイは言います。さらにフローには次のような特徴があります。

①自分がしていることへの集中。
②深いけれど無理のない没入状態。
③行為と意識の融合。

④自分の行為を統制しているという感覚。
⑤自己について意識は消失し、体験後には自己感覚が強く現れる。
⑥時間の感覚が変わる。数時間が数分のうちに過ぎる。

## ●フローが持つ特徴

右のうち③〜⑤についてもう少し詳しく述べましょう。まず、「③行為と意識の融合」ですが、これは行為を意識はしているが、そういう意識そのものを意識することはない、という状態です。

キーボードによる文字の入力作業をイメージしてください。軽快に文字を入力できる時、文字入力という行為を意識はしているものの、しかしどの指でどの文字を押そうなどとは考えていません。これが「行為を意識はしているが、そういう意識そのものを意識することはない」という状態です。

むしろ「どの指でどの文字を入力しようか」などと考え始めると、途端に入力がうまくいかなくなります。このような経験をした人は多いのではないでしょうか。言うまでもありませんが、これはフローとかけ離れた状態です。

また、行為と意識が融合している時、「④自分がその行為を統制しているという強い感覚」が生まれます。しかしそれは積極的な支配意識とは違います。また、支配意識を失うのではないかと悩まされることもありません。

ちなみにチクセントミハイは、ロッククライマーが体験するフローについて詳しく報告していいます。その中で「ロッククライミングよりも自動車の運転のほうが危険である」というロッククライマーの言葉を紹介しています。

チクセントミハイが指摘するように、これはある意味で正しいのかもしれません。というのも、自動車の運転のほうが、支配不能な要素がロッククライミングより多いからです。つまり自動車の運転でフローになろうとすれば、車を熟知したプロのドライバーであることが必要なのかもしれません。

さらに「⑤自己について意識は消失し」ですが、これは自己の喪失や意識の喪失を意味するのではありません。いわば「自我の忘却」「自我意識の喪失」を意味します。

私はいまキーボードで文字を入力しています。私という自我はこの作業を意識し、コントロールしていると考えています。こうした意識が喪失するのが、自我の忘却にほかなりません。

しかしながら、この体験後は「自己感覚が強く表れる」という特徴を持ちます。しかし考えてみると、一般に行動を支配するのは自我だと考えられています。この自我の喪失状態で活動し、しかも活動後は「自分が達成したこと」と実感を深めるのですから、フローとは奇妙と言えば奇妙な状態です。

少々余談ではありますが、脳科学者ベンジャミン・リベットの「タイム‐オン（持続時間）理論」

は、脳科学の分野からフローを説明するヒントになるかもしれません。

リベットの理論によると、自我が刺激を意識するにはある程度の時間（約0・5秒）が必要です。しかし、無意識の機能が現れるにはより少ない時間（約0・1秒）で十分です。つまり自我が喪失するということは、この無意識の領域における活動が活発化することを意味するのかもしれません。

言い換えると、0・5秒未満の判断が継続して必要な時、自我は十分に機能し得ないとも考えられます。この機能不全が自我の忘却として表出するのかもしれません。

## ●人間成長モデルとしてのフロー

フローと脳の関係はともかく、次にここではフローに至る条件に注目したいと思います。「目標が明確で、迅速なフィードバックがあり、スキル（技能）とチャレンジ（挑戦）のバランスがとれたぎりぎりのところで活動している時」、私たちはフローを体験する可能性が高まります。

チクセントミハイはこのフローの状況を極めてシンプルな図で表現しています（図2）。縦軸が「挑戦（チャレンジ）」の高低、横軸が「技能（スキル）」の高低を示したマトリックスです。そして、図の中央には左下から右上へ帯状の領域が見えます。

この帯状の領域は「フローチャンネル」と呼ばれるもので、その特徴は能力（スキル）と挑戦（チャ

図２　フロー状態のモデル

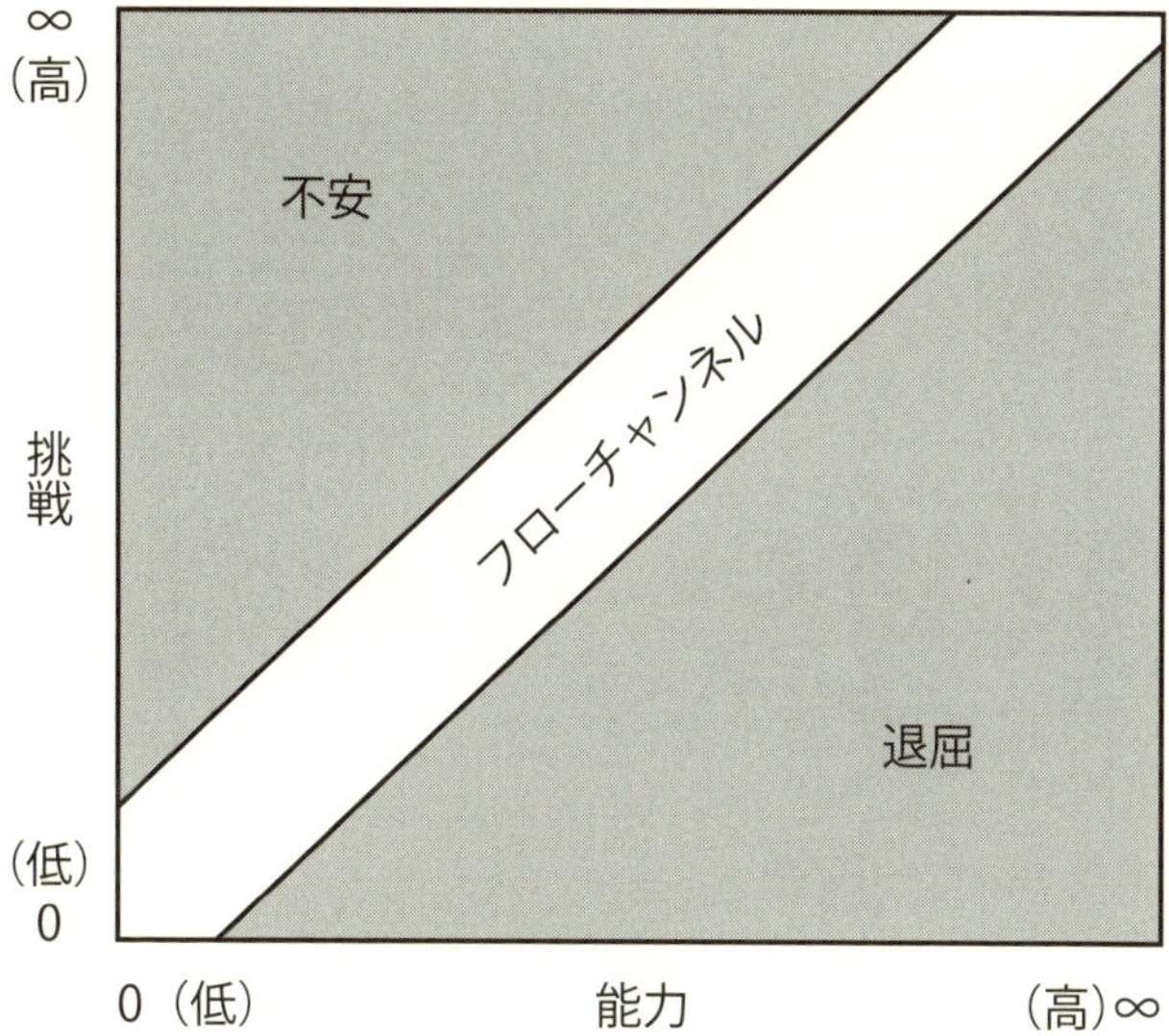


出典：ミハイ・チクセントミハイ
『フロー体験 喜びの現象学』を基に作成

レンジ）のバランスがとれたぎりぎりのところを示している点です。つまり、自分が挑戦する課題と、その課題に対処する自分の能力とがぎりぎりのところで均衡している領域、これがフローチャンネルにほかなりません。

しかし私たちのスキルとチャレンジがいつも均衡しているとは限りません。挑戦する課題のレベルは高いけれど、それに技能がついていかない場合、私たちは心配や不安を感じるでしょう（図の左上の領域）。

また逆に技能は十分過ぎるぐらいあるのに、課題のレベルがあまりにも低いと、私たちは退屈してしまいます（図の右下の領域）。いずれの状態でもフローを体験するのは困難です。

さらにこの「フロー状態のモデル」は、フローが生じるしかるべき位置を示すにとどまりません。この図は私たちがその潜在能力を発揮する経路（チャンネル）をも表現しています。

横軸の技能に着目してください。技能の向上は時間と密接に関係しています。いかなる分野でもプロ級の腕前になるには「1万時間」の訓練が必要だと言われています。もちろんプロになったあとでも腕を磨きますから、技能の向上と時間には強固な相関関係が生じます。

誰しも最初は技能的に未熟です。これは「フロー状態のモデル」で言うと、横軸の左端近くに位置していることを意味します。そして、自分の技能と等しいか、それよりもちょっと上の課題に挑戦したとしましょう。この課題こそが目標であり、この目標は技能と挑戦が交差するフローチャンネル上に存在します。

首尾良くこの目標をクリアしたとしましょう。そうしたら、横軸の位置を右に少しだけずらし、自分の技能よりもちょっと上の課題に挑戦します。つまりこれは新しい目標です。そしてこの目標もクリアできたら、さらに高い技能を要する課題にチャレンジします。

この作業をたとえば1万時間続けたとしたら――。仮に、1万時間の訓練による技能が横軸の中央に位置したとすると、私（あるいはあなた）にふさわしい目標は、フローチャンネルの中央あるいはそれよりもやや右上にあることがわかるでしょう。

技能を高めるには、より難易度の高い目標にチャレンジすることが必要です。そして右肩上がりで難易度を増すフローチャンネル上の目標にチャレンジしてその行為自体に没入することで、私たちはフローを体験できる可能性が高まります。さらにその目標を達成していくことで、私たちの技能はますます磨かれていきます。

つまり、フローチャンネルが示す経路は、その人の人間的成長を示しているのにほかなりません。あるいは、人間成長のフロー（流れ）を示したものがフローチャンネルである、と言えるかもしれません。

## ●どのような目標をもつべきか

フローモデルにある横軸の技能は、私たちが持つ潜在能力に置き換えることもできるでしょう。この潜在能力を高めるために、私たちは難易度の高い目標を掲げてチャレンジします。では、その行く着く先はどこなのか――。

自己実現です。マズローによる自己実現の定義を思い出してください。自己実現とは、「人が潜在的に持っているものを開花させて、自分がなり得るすべてのものになること」でした。つまりチクセントミハイが示したフローチャンネルは、人が潜在的に持っているものを開花させ、自分がなり得るすべてのものへ至る経路（チャンネル）を示しているとも言えるわけです。

ここで問題となるのが、では一体私たちは、具体的にどのような目標を設定すればいいのか、ということになるでしょう。それも、今日や明日の目標ではなく、自分が持つ潜在能力を開花するための、いわば一生かけての目標です。

実はこの目標の具体的設定方法については、本書の姉妹書『アドラー心理学による「やる気」のマネジメント』『アドラー心理学による「強み」のマネジメント』で述べています。詳しくは両書を参照してもらうことにして、ここでは要点のみふれておきましょう。

目標の設定には「価値」「強み」「貢献」という3つの要素が欠かせません。価値とは、「自分にとって価値がある」と思えることです。そして、自分にとって価値あることに没頭すると、その活動に関する能力が高まるでしょう。これが「強み」です。さらに、この活動でもって社会やコミュニティ、個人のニーズに対応することで、私たちは社会との一体感を得られます。これが「貢献」です。

つまり自分にとって価値ある活動で、それを実行する強みが自分に備わっていて、その活動が社会やコミュニティ、個人のニーズの満足に役立つもの、これが設定すべき目標です。これは「３つの円」の重なった部分として表現できます（次ページ図３）。ちなみにこの３つの円は、経営学者ジム・コリンズが著作『ビジョナリーカンパニー②』（２００１年、日経ＢＰ社）で提唱したものを、アレンジしたものです。

そして、この価値ある活動で、自分の潜在能力を十分に開花させることが、自己実現にほかなりません。「自分の潜在能力を十分に開花させた状態」とは私たちが永遠に追求する理想の姿、いわば「ビジョン（理想像）」と言い換えられます。

しかし、理想像に一足飛びに到達することはできません。ですから私たちは自分の能力に応じた目標を設定し、それを達成し、一歩一歩理想像に近づいていきます。

このように考えると、ここに示した「価値」「強み」「貢献」という3つの円と、先に示した「フロー状態のモデル」が重なり合うのではないかという発想が生まれます。実はこれが本当に重なり合います。

図３　価値・強み・貢献

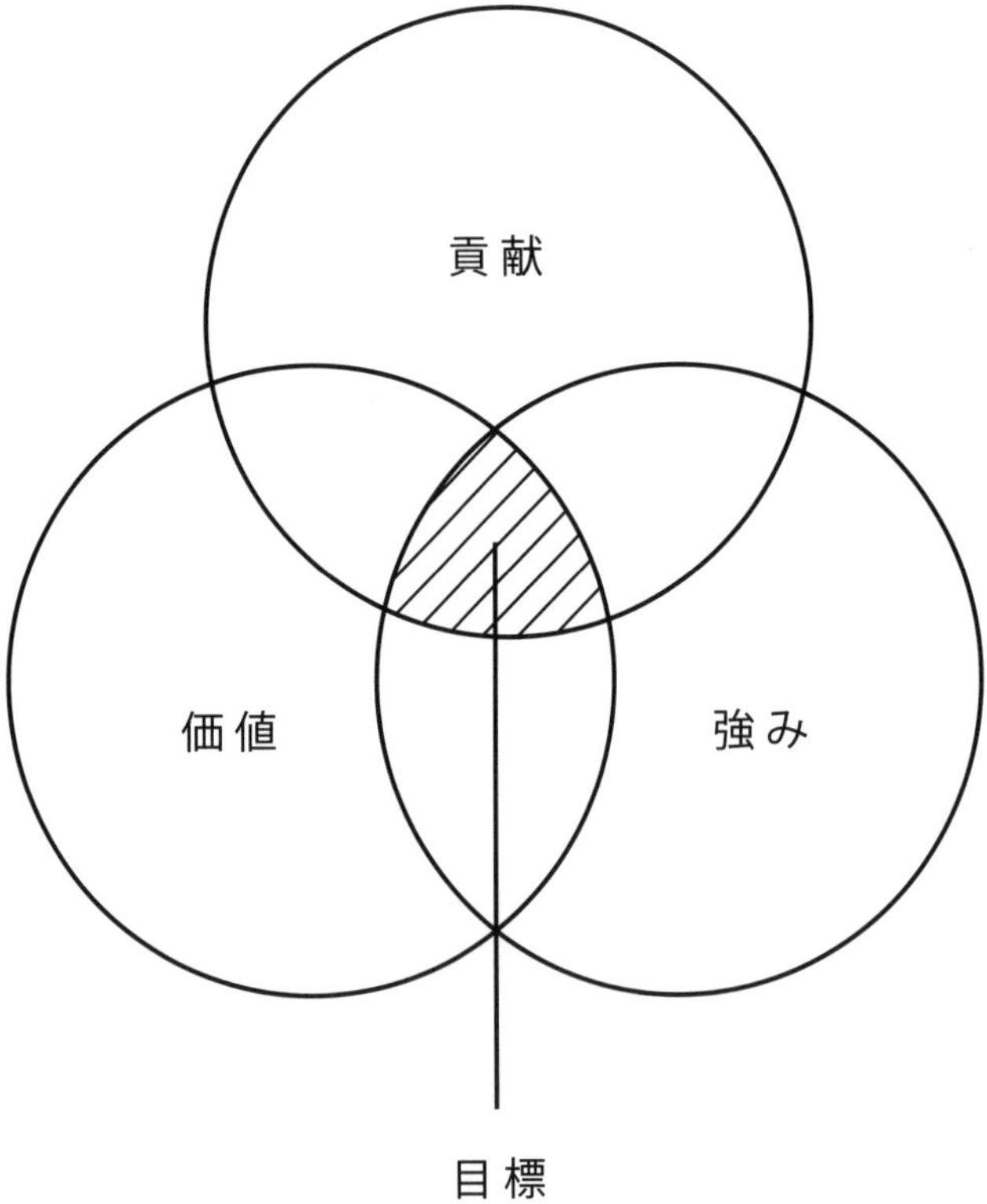

## ●フラーリッシングの本質がここにある

まず、「価値」について考えてみましょう。価値ある活動とは、やり甲斐のある活動、つまり挑戦するに値する活動と言い換えられるでしょう。つまり、「フロー状態のモデル」の縦軸は、３つの円の「価値」と直結することがわかります。

次に「強み」に注目します。強みとは自分が持つ能力の中で、人に負けないほどの自信を持つ部分です。自分が人に誇れる「能力」や「技能」と言い換えてもよいでしょう。こうして「フロー状態のモデル」の横軸は、３つの円の「強み」と直結することがわかります。

チクセントミハイの「フロー状態のモデル」からもわかるように、「価値＝挑戦」と「強み＝技能」がぎりぎりのところでバランスする目標を掲げてそれに打ち込めばフローを体験できる可能性は高まります。

たとえば私には、バスの写真撮影を趣味にする（ちょっと変わった？）甥がいます。全国高校野球が甲子園で開催されると、彼は決まって現場に足を運びます。しかし野球観戦が目的ではありません。全国からやって来る応援団を乗せたバスを撮ることが目的です。甲子園に行ってもバスは撮影しますが野球は観戦しません。

このような甥ですからバスに関する知識は半端ではありません。知識が増えると自分が取り組んでいる活動の価値はさらに高まるでしょう。これはさらに知識を増やそうという、言い換えると「強み」をさらに強くしようという、強力な動機づけになるでしょう。

彼がバスを撮影している最中にフローを体験しているかどうかは、私は知りません。しかし珍しいバスに出会った時、彼は極めてフローに近い状態で撮影しているのではないでしょうか。

しかし、バスの写真撮影という「価値＝挑戦」と「強み＝技能」の組み合わせだけでは、自己満足の域を出ません。確かに自己満足も決して悪いものではありません。しかしこれだけでは人間の社会適応上、あまり好ましいとは言えません。チクセントミハイはこのような偏狭さを「生態学的ニッチへの適応と類似している」と述べましたが、確かに環境の変化が偏狭な自己満足の致命傷になることは十分に考えられます。

たとえば、何かの職に就かなければならなくなった時、従来の「価値＝挑戦」と「強み＝技能」をお預けにしなければならないことも考えられるでしょう。

そこで登場するのが「貢献」の考え方です。「価値＝挑戦」と「強み＝技能」を社会が持つ何らかのニーズの解消に活用できれば、自分の好きな活動を捨て去る必要もありません。

たとえば先の私の甥の例ならば、バスの豊富な知識をバスメーカーのマーケティングに活かす、システム開発会社で効率的なバス運行システムを開発するなどは、現実的な職業選択かもしれません。また本当にやる気があるのならば、バスのカメラマンを目指して世界のバスを撮りまくって広く公開することも考えられるでしょう。いずれも社会的ニーズを念頭に置いた活動と言えます。

こうして「３つの円」を「フロー状態のモデル」に重ね合わせると次のような図が出来上がります（次ページ図４）。図で示したように「貢献」の円は右肩上がりのフローチャンネル上に位置します。そして、ビジョンに向けて３つの円が右肩上がりで上昇していくイメージとは、自己実現に向けて新たな目標を次々と達成していくことにほかなりません。

では、フローチャンネル上にある、「価値」「強み」「貢献」が重なった目標に取り組んでいる自分自身をイメージしてください。

自分の「強み」を用いた「価値」ある活動で社会に「貢献」している時、人は自分の人生が良い人生だと感じられるに違いありません。この状態とはウェル・ビーイングにほかなりません。

そしてフローチャンネルにしたがって右肩上がりで上昇していけば、このウェル・ビーイングが継続することになります。このウェル・ビーイングが継続する状態を、マーティン・セリグマンは「フラーリッシング（flourishing）」と表現したことを思い出してください。

つまりフラーリッシングとは、人生において、フローチャンネルを右肩上がりで進んでいくことで得られることがわかります。これが「繁栄」や「持続的幸福」と訳されているフラーリッシングの正体だと言ってもいいでしょう。

図 4　フロー理論と 3 つの円の合体

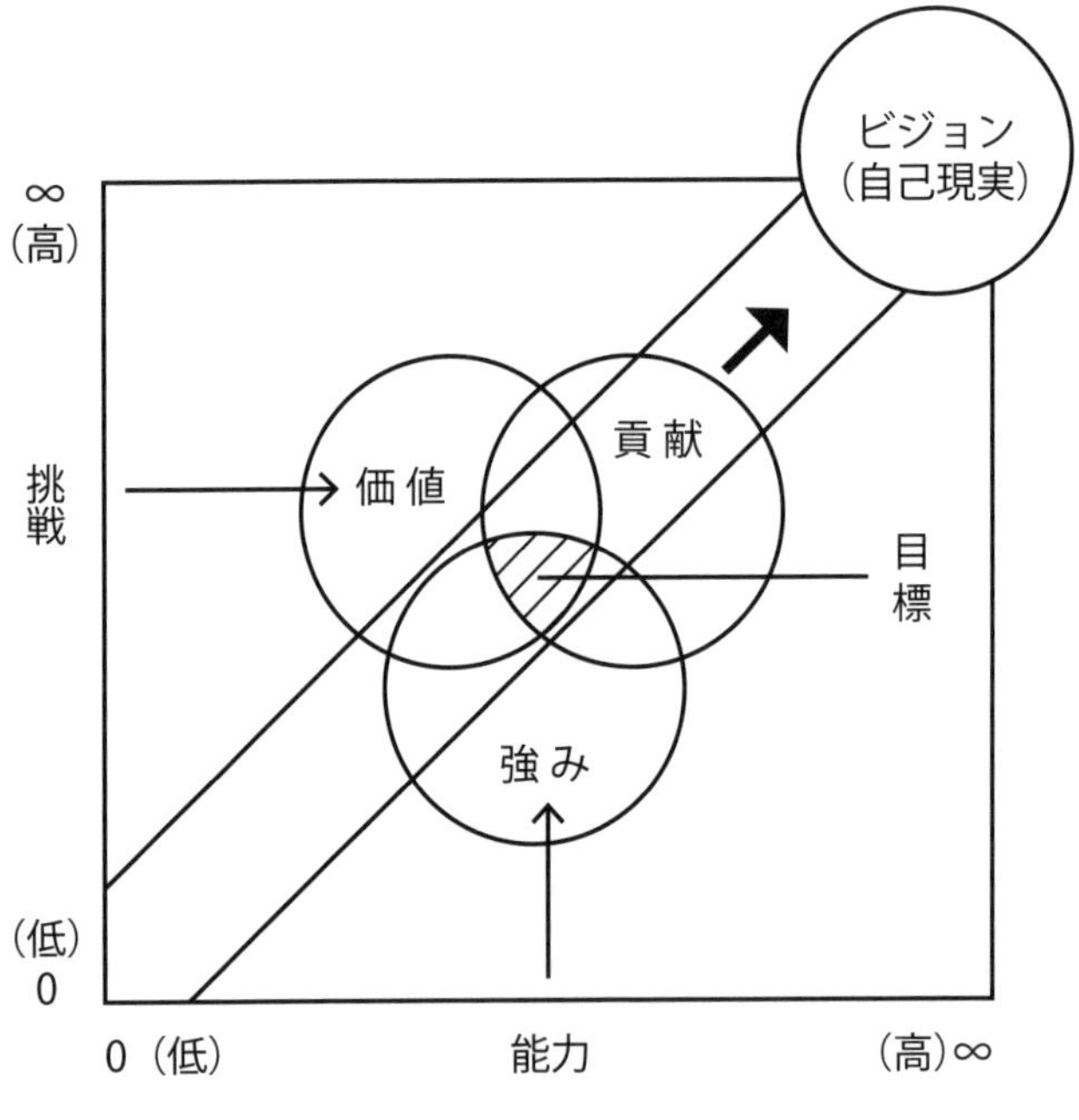

## ●「幸福の追求」は間違っている

以上の議論を前提にすると、人生の目標に「幸福」や「幸福の追求」を掲げるのは、実は筋違いであることがわかります。目指すべきは自分が持つ潜在能力の完全な開花です。そのビジョンに向けて、現在の能力に応じた、あるいはそれよりもやや高いレベルの目標にチャレンジすることです。

そもそもこの挑戦はしばしば苦痛を伴います。先も述べたように何ごともプロ級の腕前になろうと思うと１万時間の訓練が必要です。早朝から訓練することも必要でしょう。１日８時間以上も厳しい訓練に耐えなければならないこともあるでしょう。

人が目標を達成しようとしているこの瞬間は決して幸せな瞬間ではありません。チクセントミハイの言葉を引きましょう。

人生にすばらしいことをもたらすのは、幸福というよりも、フローに完全に熱中することである。フローを体験している時、われわれは幸福ではない。なぜなら幸福を体験するためには、自分たちの内面の状態に集中しなければならず、それは注意力を仕事や手元から遠ざけることになるからである。（中略）ただ、仕事がやり遂げられた後にだけ、何が起きたのか振り返る余裕の時間があり、それからその体験のすばらしさへの感謝でいっぱいになるのである。つまり、回想の中でだけ、幸福になれるのである。

ミハイ・チクセントミハイ『フロー体験入門』（2010年、世界思想社）

人は行為のあとで幸せになるということは、幸せは人が価値あるものと考える活動の副産物に過ぎないということです。

実は同じことをアブラハム・マズローがこのように語っています。

幸福とは、真の問題、真の課題に関わって真の感情を体験することだと定義し直してよいであろう。幸福そのものを直接追い求める行為は、心理学的に言って、生き甲斐ある生を営むための手段としては、まったく役に立たないようである。幸福というものは、実際には何か別のものに付随して起こってくる現象、副産物であるらしい。その時点では気付かなくても後で振り返ってあの時は幸福だったと認識できるのは、なにより、やり甲斐ある課題、価値ある目的に没頭し献身した時である。

アブラハム・マズロー「文化と人格について私が早期に受けた啓示」

エドワード・ホフマン『マズローの人間論』（2002年、ナカニシヤ出版）よりこのように、真の問題、真の課題から発生する目標を追求することが、私たちにフロー体験を促し、その副産物として幸福をもたらしてくれます。しかしながら、ポジティブ心理学者でも、この点に気づいていない人がいるようです。

ポジティブ心理学者ソニア・リュボミアスキーは著作『幸せがずっと続く12の行動習慣』（2012年、日本実業出版社）において、科学的に証明された「人がもっと幸せになり、いつまでも幸せでいるために使えるスキル」を紹介しています。

この12の行動習慣の中に「目標達成に全力を尽くす」という項目があります（12項目のうち列挙されているのは10番目です）。リュボミアスキーは、書籍に掲載したテストを実行することで、この12の行動習慣から自分にとって必要な行動が4つわかり、当面はそのうちの1つ（多くても2つか3つ）に取り組むよう勧めています。

しかし、最重要と考えるべき目標とその追求を前提にしないリュボミアスキーの方法で、刹那的な幸福ならともかく、本当に「幸福がずっと続く」のか疑問を抱かざるを得ません。

また、ハーバード大学における「ポジティブ心理学」の講義で絶大な人気を博したタル・ベン・シャハーは「最高に有意義な人生とは、自分の能力を最大限に発揮して生きる人生」「私たちは、自分は今、自分に備わった能力を最大限に発揮しようと努めながら、挑戦的な活動に従事していると感じることで、深い充実感を得ることができる」（『ＨＡＰＰＩＥＲ』２００７年、幸福の科学出版）と述べています。これはすでに述べてきた本書の主旨にも合致する見解です。

しかしながらシャハーは、「幸福は究極の目標、ほかの目標はそこに至る中間目標」と、幸福を人生の目標、しかも究極の目標と位置づけてしまっています。

思うに幸福とお金はどこか似ています。いずれも何かを達成した時に得られるからです。してみると、幸福やお金を得ようと思うと、その何かを達成しなければなりません。何かとは私たちそれぞれが持つ目標です。

このように、幸福やお金を得ようと思うと、まず重要になるのは、それらに先立つ目標とその達成であることは明らかです。残念ながらこの単純明快な事実がポジティブ心理学者の間でも共通認識にはなっていないようです。

そういう意味で、幸福はそれ自体を追い求めても得られません。白馬の王子のようなものです。しかし、幸福を求めずに、私たちが持つ潜在能力の開花を目指せば、やがて幸福感が得られます。しかし求めずに得られるのですから、まさに逆説的としか言いようがありません。

# 第4章　強みの強化と自己実現

## ●持続的幸福に至る道

前章で述べたように、目標とその挑戦は、人が幸福を実感するための最大の鍵になります。しかしそれは持続的幸福の量を高めるための必要条件ではあるものの十分条件とは言えません。

第1章でも述べたように持続的幸福を実現するには経済的基盤が欠かせません。また、家庭内で問題が生じていたら全体的な幸福の量は減少するでしょう。人間関係で問題を抱えていても同様です。したがってポジティブ心理学では、人生を賭けられる目標の追求を基礎にしながら、ウェル・ビーイングをさらに高める領域について考えることが重要になるでしょう。

この点に関して、米ギャラップ社による「人生を価値あるものにする5つの要素」は、良き指針を示してくれているように思います。

米ギャラップ社は、民間世論調査企業の先がけ的存在で、1935年にジョージ・ギャラップによって創立されました。ギャラップ調査は世論調査の代名詞になっていますから、同社の名を知っている人も多いと思います。

このギャラップ社が1950年代から幸福に関する調査研究を続けてきました。その規模は驚くべきもので、世界150カ国にわたる極めてグローバルな調査です。この調査では、健康、経済、人間関係、仕事、そして地域社会に関する数100問にわたる質問をとおして、その国の人たちが「人生全体をどのように評価しているのか」についてデータを集めています。この調査から同社では、人の生き方をいかにして価値あるものにするのかを決める5つの要素を明らかにしました。次のとおりです。

①仕事の幸福（仕事に情熱を持って取り組んでいる）
②人間関係の幸福（よい人間関係を築いている）
③経済的な幸福（経済的に安定している）
④身体的な幸福（心身共に健康で活き活きしている）
⑤地域社会の幸福（地域社会に貢献している）

トム・ラス、ジム・ハーター『幸福の習慣』

（2014年、ディスカヴァー・トゥエンティワン）

同社では、これらの要素が一体となることで、ウェル・ビーイング（幸福）の状況が決まると定義しています。ちなみに、ここで言う仕事とは単に生計をたてるためのものを指すのではありません。心から好きで毎日取り組んでいる活動も含まれています。

## ●マズローの「欲求の階層」との関係

ギャラップ社の「人生を価値あるものにする5つの要素」で気づくのは、アブラハム・マズローが主張した「欲求の階層」（通称「マズローの5段階欲求」）との密接な関係です。

第1章でも若干ふれましたが、マズローは人間には共通する基本的な欲求があると考えました。「生理的欲求」「安全の欲求」「所属と愛の欲求」「承認の欲求」「自己実現の欲求」の5つです。そしてマズローは、これらの欲求が階層になっていると述べました。マズローが描いたものではありませんが、この階層は通常ピラミッド状で表現されています。

欲求の階層の順番は決して不動のものではありません。人によっては順序が異なることがあるとマズローは言います。また、人は階層の中で下位の欲求がある程度満足することで、より高位の欲求の満足に動きます。下位の欲求が１００％満たされた時点で、上位の欲求を満たし始めるわけではありません。

この点に関してマズローは、一般的な人間について基本的欲求の満足度を独断であてはめた数字を示しています。これによると、一般的な人間では、生理的欲求が85％、安全の欲求が70％、所属と愛の欲求が50％、承認の欲求が40％、自己実現欲求が10％、それぞれ満たされているとマズローは見立てています。

以上を念頭に、本書の姉妹書『マズロー心理学入門』では、「マズローの５段階欲求ピラミッド」に代わる新しいモデルを提示しました（図５）。

新モデルでは、従来の「マズローの５段階欲求ピラミッド」を囲むように四角形を配置しています。実はこの四角形こそが、私たちが潜在的に達成可能な、自分がなり得るすべてのものになった状態を示しています。一方、ピラミッド部分は、四角形（完全な自分自身）に対して、まだ完全な自己に至っていない現在の自分自身と定義できます。マズローに従うと、一般的な人ではその達成度が、生理的欲求85％、安全の欲求70％、所属と愛の欲求50％、承認の欲求40％、自己実現の欲求が10％というわけです。

このように、マズローの欲求階層論を四角形とピラミッドの組み合わせで表現することで、いまだ潜在的な能力を開花せず、その結果、完全には自己実現に至っていない自己を象徴的に表現でき

図５　欲求の階層の新たなイメージ

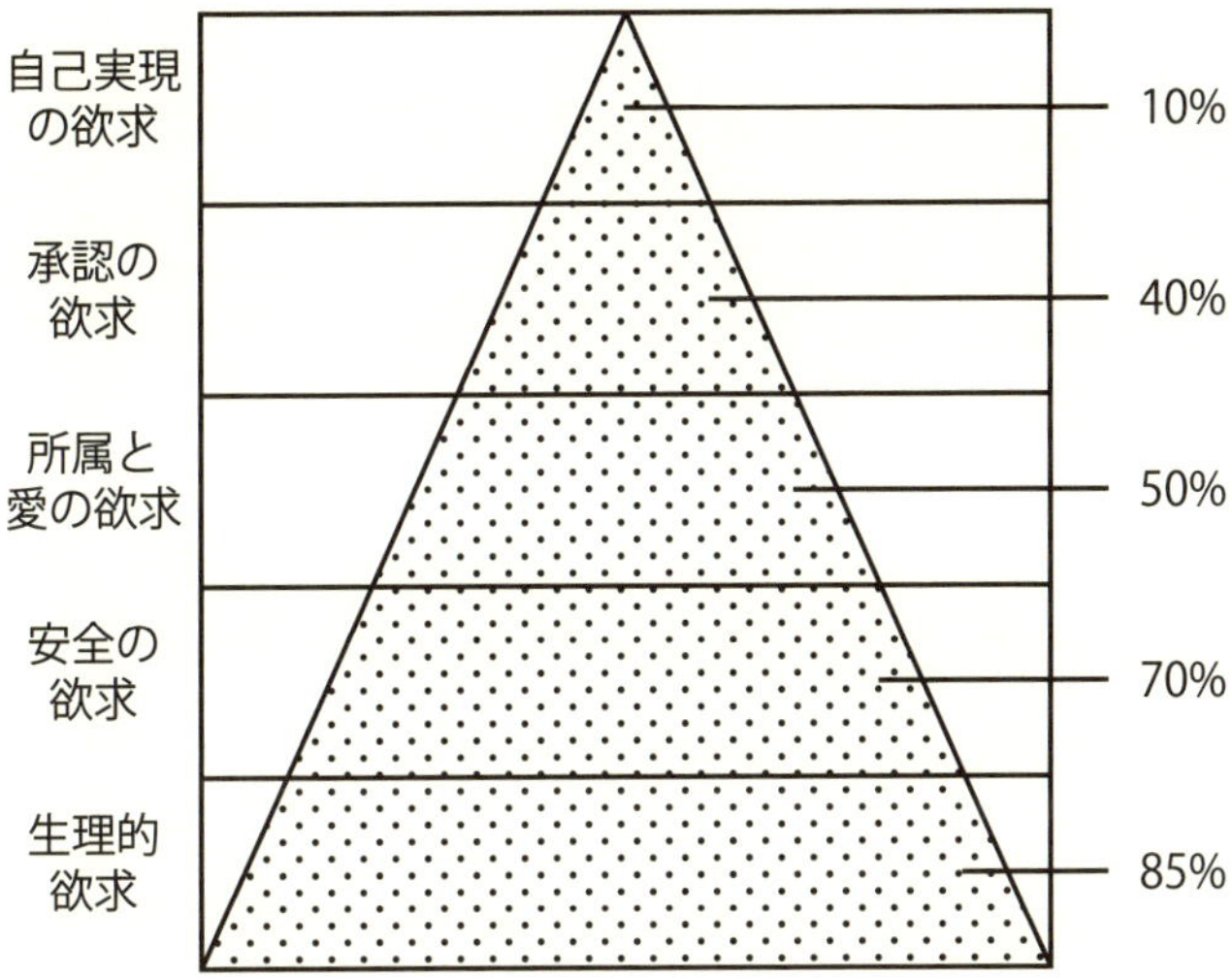

ます。つまり私たちは成長の途上にあるのであって、ピラミッドを黄金の四角形へと変ずるよう努めます。その経路となるのが前章でふれたフローチャンネルです。

次に、ギャラップ社の「人生を価値あるものにする5つの要素」と、マズローの指摘した欲求の階層の密接な関係について考えてみましょう。ギャラップ社の指摘する5つの要素は、マズローが指摘した5つのニーズとかなり重複していることがわかります。

たとえば、「身体的な幸福（心身共に健康で活き活きしている）」は、「生理的欲求」が満たされた時に得られる幸福でしょう。また、「経済的な幸福（経済的に安定している）」は、現実社会で不安なく暮らせるという「安全の欲求」が満たされた状態と直結します。

また、「人間関係の幸福（よい人間関係を築いている）」は、「所属と愛の欲求」が満たされた時に生まれます。さらに、「地域社会の幸福（地域社会に貢献している）」は、地域の人々から祝福されることでもありますから「承認の欲求」が満たされた状態と言えます。

加えて、「仕事の幸福（仕事に情熱を持って取り組んでいる）」は、仕事という手段を通じた自己実現を意味していると考えれば、「自己実現の欲求」がある程度満たされた状態だと言えるでしょう。

## ●5つの要素に効果がある「強み」

そもそもマズローは下位の基本的欲求がある程度満たされていない場合、自己実現に到達するのは難しいと考えました。マズローが言う自己実現に到達するのが難しい状態とは、先の「欲求の階層の新モデル」に従って示すと、四角形の大きさはそのままで、その中に底辺の幅が短く高さの低いピラミッドがある状態だと言えます。

前章で見たように人生の目標は自己実現に直結します。しかしながら、安心して人生の目標を追求しようと思えば、その土台である「生理的欲求」「安全の欲求」「所属と愛の欲求」「承認の欲求」を、ある程度満たしておくことが欠かせません。ギャラップ社風に言い換えると「身体的な幸福」「経済的な幸福」「人間関係の幸福」「地域社会の幸福」が、同時に必要となるわけです。

このように考えると、ウェル・ビーイングをテーマとする現在のポジティブ心理学は、マズローが示した5つの欲求や、ギャラップ社が示した5つの要素、これらすべての満足に対応していくことが必要になるのでしょう。

もっともここでは、「身体的幸福を得るには」「経済的幸福を得るには」といった、各論にふれていくつもりはありませんし、紙数にもそんな余裕はありません。むしろここでは、マズローの5つの欲求、ギャラップ社の5つの要素、それらすべてに効果がある「強み」についてふれておきたいと思います。

すでに前章で見たようように、強みは人生の目標に必要な3つの要素の1つになっています。強みとは自分自身が持つ「優れた能力」や「卓越した技能」と言い換えることができるでしょう。

こうした優れた能力や技能は、「仕事の幸福」やそこから派生する「経済的な幸福」の基盤になるでしょう。「身体的な幸福」にも効果があるでしょう。また、強みは人を差別化します。これは自尊心を育みますから、自分を卑下することなく他人と交流できます。つまり「人間関係の幸福」に資するということです。さらに強みという優れた能力や技能は社会に役立つに違いありません。こうして「地域社会の幸福」にも強みは貢献することになります。

このように強みを育てることはウェル・ビーイングな人生を過ごす上で、極めて重要な要素となります。

## ●強みを特定する基準

ポジティブ心理学でも、人が持つ強みに強い関心を示しています。また強みに関する大きな研究成果を上げています。その最大の功績が「強みとしての徳性（キャラクター・ストレングス）」を整理したことでしょう。

これは、人間の強みを分類し判断する基準です。作成の下準備をしたのはマーティン・セリグマンやミハイ・チクセントミハイで、プロジェクトのリーダーになったのは、希望と楽観主義の権威である心理学者クリストファー・ピーターソンでした。

ピーターソンらは、伝統的な宗教や哲学の調査を通じて人間の強みに関する「美徳」を探りました。美徳とは私たちが卓越した人間存在に見出す不滅の価値です。このような美徳を持つ人は「人徳のある人」や「人徳の高い人」あるいは「人格者」などと呼ばれます。

したがって、ピーターソンが特定しようとしたのは、「足が速い」「計算能力が高い」「語彙が豊富」など、私たちが一般的に考えがちな強みではないという点です。むしろ前出の「３つの円」に準じると、「価値」に相当するものです。そして自分が信じる価値を追求するための手段として、私たちは多様な「技能」や「能力」といったいわば狭義の「強み」を活用します。

したがってピーターソンらが対象とする「強み＝美徳」とは、狭義の「強み」の前提となる価値だと理解できると思います。セリグマン自身は「性格の特徴」「それ自体が正当なものとして評価を受ける」「それ以上の正当化の必要のない、理想の状態」（『世界でひとつだけの幸せ』）と表現しています。

美徳についてピーターソンが調査した範囲は幅広く、ギリシア哲学、中世哲学、キリスト教、イスラム教、儒教、道教、仏教、ウパニシャッド、さらにはベンジャミン・フランクリン（アメリカの１００ドル紙幣にある人物）やボーイスカウトの宣誓書に至るまで、文化を越えた２００冊にも及ぶ哲学書や教典、書籍などでした。

ピーターソンはこれらで取り上げられている徳目を列挙しました。その上で「普遍的である」「充実感をもたらす」「道徳的に評価されている」「他人を貶めない」などの基準をクリアするかどうかをチェックしました。

その結果、24の美徳リスト（VIA-IS／Values In Action: Inventory of Strength）が出来上がりました。「VIA」とは「行動における価値」あるいは「生き方の原則」という意味です。さらに、24の美徳を6つの上位概念に集約してとりまとめました。VIA-ISは、日本のポジティブ心理学者として著作も多い島井哲志・日本赤十字豊田看護大学教授らによって翻訳された日本語版があるのでこちらを紹介します。

・知恵と知識（独創性、好奇心、クリティカル思考、向学心、大局観）
・勇気（勇敢、勤勉、誠実性、熱意）
・人間性と愛（愛情、親切、社会的知能（情動知能））
・正義（市民性、公平性、リーダーシップ）
・節度（寛大、謙虚、慎重、自己制御）
・超越性（審美心、感謝、希望、ユーモア、精神性）

島井哲志『ポジティブ心理学入門』（2009年、星和書店）

これらの美徳のうち、自分に特に備わっているものは何なのかを特定します。特定のための無料診断ツールがペンシルベニア大学公式ウェブサイトである「Authentic Happiness (https://www.authentichappiness.sas.upenn.edu)」で公開さています。日本語環境もあります。

同サイトの「Select Language」から「日本語」を選び、「測定テスト」から「短縮版 強みのテスト」を選びます。初回はユーザー登録が必要です。自分の強みを知るための非常に良いツールだと思うので、是非とも一度試してみてください。

## ●日常の活動から強みを知る

人が卓越した成果を達成するのは強みによってです。どう考えても自分の弱点で高い成果を達成するのは困難です。また、自分の弱点を強化して平均にしたとしても、その能力で達成できるのは平均的なことです。このように考えると、特定した強みをさらに強くすることで、人はより高い成果を達成できる可能性が高まります。

ですから、前出の「強みのテスト」でわかった自分の強みは、今後さらに強化すべきものだと考えるべきです。さらに、弱点についても、それを強化することで自分の強みをさらに強くできるのなら、決して価値がないことではありません。積極的に取り組むべきことです。

ただ、先の「強みテスト」で把握できる強みは、どちらかというと抽象的な概念で、具体的な活動と結びつきにくいきらいがあります。そこで、日常の活動を通じた自分の強みの特定方法について考えてみましょう。この点については姉妹書『アドラー心理学による「強み」のマネジメント』に詳しく書きましたが、ここでは要点のみふれたいと思います。

どういうわけか人にはやっていて楽しい活動、意義ある活動というものがあるものです。これは自分にとって価値ある活動です。この活動は人によって千差万別です（バス好きの私の甥を思い出してください）。

私たちは価値ある活動を繰り返して実行します。するとそれに関連する能力は自ずと高まるでしょう。しかも命令されてではなく、好きでやっている活動です。これは心理学で言う「内発的動機づけ」（その逆は「外発的動機づけ」）による活動です。

こうして自分にとって価値ある活動、好きでやっている活動に関する能力はさらに高まります。この能力や技能が狭義の「強み」にほかなりません。

意識せずに実行している活動にも、この狭義の「強み」が隠されていることもあるでしょう。それを特定するには、スケジュール表に日々の活動を細分化して記録し、その活動について予想した満足度と実際の満足度を記入します。これを3週間ほど実行して結果を分析します。

記録した内容から、どの活動に高い満足度が集中しているかがわかるでしょう。これが自分にとってやっていて楽しい活動です。明らかにこれは自分の強みになります。

また、予想した満足度が低いにもかかわらず、実際の満足度が高い活動があるかもしれません。これは自分が楽しくない活動だと考えているのにもかかわらず、実際は上手にこなせる活動なのかもしれません。これは隠されていた自分の強みである可能性が高まります。

逆に、予想した満足度が高いにもかかわらず、実際の満足度が低い活動はありませんか。これは上手にこなせる自信があるのにもかかわらず、実は上手くこなせない活動なのかもしれません。これは幻想としての強みかもしれません。

以上のような分析結果を次の行動にフィードバックします。基本方針は「強みをさらに強くする」です。これには隠された強みを強化することも含まれます。また、上手くこなせない活動は、可能な限り減らしていくようにします。この活動を「フィードバック分析」と呼びます。

先の「強みテスト」と同様、このフィードバック分析も自分の強みを知るために欠かせない手法だと考えたいものです。

## ●強みの強化の本質的な意味

強みの強化は人の成長にとって大きな意味があります。再度、フローモデルに3つの円を重ねた図を思い出してください。

フローチャンネルを右上に移動していくには、自分の能力よりもちょっと高い所に目標を置き、この目標達成に向けてチャンレンジすることでした。これを繰り返すということは、能力を向上させること、言い換えると強みをさらに強化することです。

その際に掲げる目標は「資格試験に合格する」とか「ゲームで優勝」のようなものかもしれません。ただしこれは見かけの目標だと考えるべきです。

本質的な目標は自分の内にあります。試験に合格するには、そのための能力を高めなければなりません。また、ゲームで優勝するのも同様です。自分の能力を高めないことには、強力な相手に太刀打ちできないでしょう。このように、見かけ上の目標とは別に、自分の能力をさらに高める、強みをさらに強化するという本質的な目標が存在します。

見かけ上の目標と本質的な目標には質的に大きな違いが存在します。それは自分でコントロールできるかできないかという違いです。

資格試験の合格もゲームの優勝も、自分が意識したからといって合格や優勝ができるものではあ私たちはライバルに優秀な人材が揃っていたならば、合格や優勝はおぼつかないでしょう。私たちはライバルをコントロールできません。したがって、合格や優勝という見かけ上の目標は、自分がコントロールできる範囲外にある事象です。

しかし本質的な目標は違います。自分の能力をさらに高めること、強みをさらに強化するということは、自分の意思で実行できます。たとえ０・１％であっても、昨日よりも今日の私の能力、今日よりも明日の私の能力を高めることは、自分の努力次第で可能です。

つまり本質的な目標とは自分の意思で達成できるもの、自分でコントロールできるものにほかなりません。

そもそも、本質的な目標を忘れて、自分ではコントロールできない見かけ上の目標のみを眼中に置いていると、重大な事故が起こる可能性が極めて高くなります。

というのも、仮に目標が達成できなければ深い挫折を味わって立ち直れなくなるかもしれないからです。あるいは、仮に目標を達成したとしても、次に何を目標にしていいかわからない状態になるかもしれないからです。これは燃え尽き症候群と呼ばれています。

しかし本質的な目標をしっかり把握している人は、見かけ上の目標の達成に成功しようが失敗しようが、精神的な変動は大きくありません。目標を達成したら「通過点」と思うでしょうし、失敗したら「再挑戦」を誓うでしょう。

このような人は他人を嫉妬しません。他人と自分を比較して優越感に浸ったり落ち込んだりすることもありません。というのも本質的なライバルは自分自身だからです。

そもそも私たちの最終的な目標は何だったでしょうか。そう、自己実現、つまり自分の潜在能力を十分に開花させることです。強みの強化とは、そのための一歩、また一歩にほかなりません。それはまた、私たちが幸福を手にするための一歩、また一歩でもあるわけです。

# 第５章　ネガティブの泥沼から抜け出す

## ●プロスペクト理論とは何か

本質的な目標は、強みの強化、自分の能力の向上であり、それを通じて自己実現を目指す——。前章で述べたように、これこそ私たちが日々目標とすべきものです。見かけ上の目標は本質的な目標を方向づけるもの、いわば指標みたいなものだと考えるべきです。

このような生き方では、ライバルは自分ですから、他人のことはあまり気になりません。目指すは自分自身の質的向上であり、これぞまさにポジティブな生き方だと言えると思います。

とはいえ、目指す目標が自分自身でコントロールできるものであっても、物事が万事うまくいくものではありません。思うどおりに成果が出ず、時に心が折れそうになることもあるでしょう。こういう時にはネガティブ感情が生まれてくるものです。「何をやってもうまくいかない」「私はダメなやつだ」「もう終わりに違いない」というように。

そもそも私たちは、ポジティブに生きたいと思う反面で、ネガティブな傾向を強く持つ生き物のようです。このことは「プロスペクト理論」が証明してくれています。

プロスペクト理論は、ダニエル・カーネマンとエイモス・トヴェルスキーという、いずれもイスラエルで生まれてアメリカに帰化した心理学者によって提唱されました。

プロスペクト理論では、不確実性下において人はどのような予測を立てて行動するのかを説明しています。2人はこの理論を心理学ではなく経済学の論文誌「エコノメトリカ」に発表しました。1979年のことです。

この論文に経済学者が注目し、やがて心理学の知見を経済学に活用した行動経済学という新しい学問分野が生まれます。また、2002年、ダニエル・カーネマンはこのプロスペクト理論によりノーベル経済学賞を受賞しました。ただ、残念ながらトヴェルスキーは1996年に死去しており、生きていればカーネマンと一緒に受賞したといわれています。

プロスペクト理論の柱の1つになっているのが「価値関数」です。これは人間がもつ主観的な満足度を数学的に表現したもので、「同じ規模の利得と損失を比較すると、損失の方が重大に見える」という人間の特性を示しています。

たとえば、私が大手通販サイトから予期せず1万円分のクーポンコードをもらったとしましょう。

きっと嬉しいに違いありません。少なくとも迷惑には思いません。これは断言できます。

それから日にちが過ぎ、私は1万円分のクーポンコードがあったことを思い出しました。これでスマホのアクセサリーを買うことに決めました。ところがです。いざ支払いをしようと思ったら、クーポンコードの使用期限が切れている！　私が受けたショックの大きさと言えば――。まさに「涙」です。

ここに掲げた事例は、前者が利得で後者が損失になります。それぞれの規模は1万円でまったく同じです。ところが、同じ規模にもかかわらず、1万円分のクーポンコードを予期せず得たときの満足度、予期せず失ったときの不満足度の絶対値には、かなりの差があるのが感覚的にわかるでしょう。通常、不満足度の絶対値の方が断然大きいと言えます。

プロスペクト理論が言う「同じ規模の利得と損失を比較すると、損失の方が重大に見える」というのはこのことにほかなりません。そして、プロスペクト理論では、利得と損失の規模が同じ場合、不満足度の規模は満足度の規模の約2倍（2～2・5倍）になると算定しています。

## ●私たちがネガティブな理由

プロスペクト理論の価値関数による示唆は、私たちが本来的にネガティブな傾向を持つことを示していると言えます。どういうことか説明しましょう。

繰り返しになりますが、利得と損失の規模が同じ場合、私たちは損失のほうを重大視します。より具体的に言うと、仮に1万円を得られるケースと1万円を失うケースがあった場合、損失である1万円を失うケースのほうを、私たちは重大視するということです。これは言い換えると、私たちは1万円を得るよりも、1万円を失うことを回避する傾向が強いということです。

簡単なゲームをしましょう。振ったサイコロの目が偶数なら、あなたは1万円を支払わなければなりません。ただし奇数ならばあなたは1万円をもらえます。あなたはこのゲームに挑戦しますか。

根っからのギャンブル好きならばいざ知らず、たぶん多くの人はこのゲームに挑戦しないのではないでしょうか。何しろプロスペクト理論に従うと、1万円を得る喜びよりも、1万円を失う悲しみ（喜びでない感情）のほうが、その絶対値は2倍大きいからです。この点を考慮すると、ゲームの参加に尻込みしたくなるのもうなずけます。

このように確率は同じでも私たちは損失を回避することを好みます。人が持つこのような傾向を、カーネマンとトヴェルスキーは「損失回避性」と呼びました。

損失回避性とは、私たちの行動に「損だけはしたくない」というロックがあらかじめかかっているようなものです。損することばかり考えていたら前向きな態度はとれません。つまりプロスペクト理論に従えば、人はネガティブな傾向を基本的に持っていることになります。

この損失回避性の傾向が強くなると、人は新しいことに挑戦せず現状維持を好むようになります。何か新しいことに挑戦する場合、成否は未来のことだからわかりません。しかしプロスペクト理論に従うと、私たちは成功した時よりも失敗した時の重大さのほうを大きく評価します。

こうして「それならば何も変えずにいまのままでいいや」というように、私たちは現状維持に流れがちになります。これを「現状維持バイアス」と呼びます。

しかし世の中は流転します。環境が変化するのにもかかわらず現状維持を望んで何もしないでいれば、やがて淘汰されるのは必至です。特に変化の激しい時代ではなおさらです。

したがって、そもそもネガティブな傾向のある私たちが、新たに１歩を踏み出すには、やはり意識的にポジティブな態度を取る必要があります。

## ●説明スタイルを判定する

もっとも、私たちにネガティブな傾向が備わっているものだとしても、その傾向は人によってまちまちのようです。よりネガティブな人もいれば、逆にネガティビティの低い人も存在します。

では、あなたはネガティブなタイプですか、それともポジティブなタイプですか？

実はこれを調べる簡単な方法があります。「説明スタイル」を判定することです。

説明スタイルとは状況を説明する態度のことです。「永続性（永続的・一時的）」「普遍性（普遍的・特殊的）」「個人度（内的・外的）」の3つの基準を用いると、自分自身がポジティブ傾向（楽観的）なのか、ネガティブ傾向（悲観的）なのかがわかります。

楽観的な人が持つ説明スタイルの場合、自分にとって何かいいことが起こると、「永続的（いつもそう）」で「普遍的（なんでもそう）」で「内的（自分自身の能力による結果）」と考えます。逆に自分にとって何か都合の悪いことが起こった場合、「一時的（今回限り）」で「特殊的（この件に限り）」で「外的（自分以外が引き起こした結果）」と考えます。

これに対して悲観的な人が持つ説明スタイルでは、自分にとって何かいいことが起こった場合、「一時的（今回限り）」で「特殊的（この件に限り）」で「外的（自分以外が引き起こした結果）」と考えます。また、自分にとって何か都合の悪いことが起こった場合、「永続的（いつもそう）」で「普遍的（なんでもそう）」で「内的（自分自身の能力による結果）」と考えます。

では、ここに楽観的なポジ太くんと悲観的なネガ夫くんがいるとしましょう。彼らがある資格試験に合格した場合と不合格した場合の説明スタイルを比較したいと思います。

**【ポジ太くんの場合】**

**「思ったとおりまたしても合格だよ（永続的）。やっぱりオレって何をやっても天才だわ（普遍的）。**

ま、日々の努力のたまものだな（内的）」

「不合格か。ま、こういうこともあるよな（一時的）。試験前にあんまり勉強しなかったし（特殊的）。だいたい勉強してないとこばっか出るんだもん（外的）」


【ネガ夫くんの場合】

「何とも幸運、まぐれで合格しちゃったよ（一時的）。たまたま勉強していた個所が出たのが幸いした（特殊的）。問題作成者に感謝だよ、まったく（外的）」

「不合格か。相変わらずの結果でがっかりだよ（永続的）。こんな体たらくじゃ恋人もできないはずさ（普遍的）。とにかくオレって、本番に弱いんだよなぁ（内的）」


いかがでしょう。説明スタイルでその人のタイプがよくわかります。では、皆さんはポジ太くんとネガ夫くんのどちらのタイプに近いですか。

ちなみに私の場合で言うならば、ポジティブ心理学の本を書いていながら、どちらかというと「ネガ夫くん的」なところがあります。もっとも、だからこそポジティブ心理学の知見が、私にとって前向きな態度を構築するのに役立つと言えるのかもしれません。

## ●感情を切り替える方法論

私のみならず、自分は「ネガ夫くん的」だと感じた人がいるに違いありません。また、「ポジ太くん的」だと感じた人でも、時と場合によってはどっぷりと「ネガ夫くん的」な状態に浸ることがあるのではないでしょうか。

しかし、それでも前に進まなければならない場合、ネガティブ感情をポジティブ感情に切り替えるべきです。というのも、ネガティブ感情よりもポジティブ感情で事に当たった方が、なにかとメリットが多いからです（この点については第2章で詳しく解説しました）。

そこで再度、「感情は物事の理解から生まれる」という事実を想起してもらいたいと思います（この点についても第2章でふれました）。

私たちは何かの現象を認識すると、そこから何らかの感情が生まれます。それは恐れや怒りのネガティブ感情、あるいは感謝や喜びのポジティブ感情かもしれません。

しかし、現象の認識と感情の生起の間には、もう1つ重要な活動がありました。認識した現象に対する理解あるいは解釈です。

早朝に蜘蛛を見たとします。すると「朝蜘蛛は縁起が良い」という伝承を思い出して嬉しい気分になりました。

ところが同じ人物が今度は晩にまったく同じ蜘蛛を見たとします。「夜蜘蛛は縁起が悪い」という伝承を思い出し、何だか気分が落ち込んでしまいました。

このように同じ蜘蛛という現象を認識していても、その現象に対する理解の仕方、解釈の流儀によって、私たちの感情はポジティブにもなればネガティブにもなるものでした。

それならば解釈の仕方を変更することで、ネガティブ感情をポジティブ感情に切り替えることができるでしょう。このためのもっとも基本的な方法が、第2章でもふれた物事の良い面を見るという態度です。

さらにこれに加えて、本章で紹介した説明スタイルの変更を実践します。つまり、何か悪いことが起こってネガティブ感情が発生したら、説明スタイルを即座に楽観的に切り替えます。つまり、永続的を一時的、普遍的を特殊的、内的を外的に、ネガ夫くんからポジ太くんの説明スタイルに切り替えるということです。

「不合格か。相変わらずの結果でがっかりだよ」（永続的）→「不合格か。ま、こういうこともあるよな」（一時的）

「こんな体たらくじゃ恋人もできないはずさ」（普遍的）→「試験前にあんまり勉強しなかったし」（特殊的）

「とにかくオレって、本番に弱いんだよなぁ」（内的）→「だいたい勉強してないとこばっか出るんだもん」（外的）

とにかく、説明スタイルには楽観的と悲観的があると考えてください。ネガティブ感情は悲観的な説明スタイルから生まれます。これを故意に楽観的な説明スタイルに変えることです。説明スタイルの変更は、認識した現象（事例の場合だと不合格）に対する解釈の変更です。これがポジティブ感情を生み出します。

## ●自分自身を論理的に説得する

「でも、説明スタイルを１８０度変えるのって、ちょっと強引じゃないの？」

なるほど。では、もう少し別の方法で、ネガティブ感情をポジティブ感情に切り替える方法についてふれましょう。心理学者アルバート・エリスが開発した「ＡＢＣＤＥモデル」の実行です。

アルバート・エリスは１９５０年代にフロイトの心理療法に反旗を翻し、「論理療法」という独自の手法を開発した人物として著名です。論理療法（現在では理性感情行動療法とも呼ばれています）は、人の感情は物事の解釈によって作られるという、いままでにふれてきた考え方を基礎にしています。そして、人がえてして自滅の道をたどる非論理的思考を、論理的で合理的なものに変えることで、健全な精神への回復を目指します。

「ポジティブ心理学なのに別の流派の手法を利用するの？」

このような疑問が頭に浮かぶかもしれません。しかしポジティブ心理学のテーマはウェル・ビーイングです。非論理的思考を修正することでウェル・ビーイングを達成できるのであれば、使わない手はありません。実際、ポジティブ心理学の多数の書籍で、論理療法や認知療法（こちらについてはのちに述べます）への言及や利用の勧めが見られます。

そもそも、まだポジティブ心理学がなかった時代に、エリスは論理療法について次のように述べています。

> **人間の幸福を最大限増大し、逆に幸福の障害となる不安や憂うつや憎しみなどを最小にする目的のための一手段と考える。**
>
> アルバート・エリス、ロバート・ハーパー『論理療法』（１９８１年、川島書店）

いかがでしょう。あたかもエリスはポジティブ心理学者が言うような言葉を残しているのがわかると思います。

では、エリスが開発したＡＢＣＤＥモデルに話を進めましょう。ＡＢＣＤＥモデルでは、私たちが現実を把握する際に用いる非論理的思考や自己矛盾に注目します。その論理的欠陥を、論理的に思考し直して、物事に対する正しい解釈を導き出します。これにより、間違っていた解釈やそこから生まれたネガティブ感情の改善を目指します。

この手法がＡＢＣＤＥモデルと呼ばれるようになったのは、５つのアルファベットが非論理的思考を矯正する手順を示しているからです。次のとおりです。

A（困った状況／Adversity, Activating Event）……直面する困った状況について考える。
B（思い込み／Belief, Belief System）……困った状況下で機械的に抱く思い込みを列挙する。
C（結末／Consequence）……思い込んだ結果、抱く感情を列挙する。
D（反論／Disputation）……思い込みに対する反論を行う。
E（元気づけ／Energization, Effect）……反論したあとの元気づけを行う。

論理療法の骨子は当初ＡＢＣのみでしたが、これにＤＥが加えられて現在の形になっています。

では具体例でＡＢＣＤＥについて順に解説しましょう。

## ●Ｗｉ-Ｆｉルーターがつながらない

昨年末のことです。自宅のＷｉ-Ｆｉルーターが故障しました。直りそうにもなかったので新しいものを買い求めました。私は古くからパソコン雑誌に寄稿していた関係もあり、ＩＴ系にそれほど抵抗を感じるほうでありません。インターネットでとにかく廉価なバルク品を調達しました。

品が届いたのは12月半ば過ぎだったでしょうか。早速、Ｗｉ-Ｆｉルーターをケーブルモデムに接続しました。そしてｉＰａｄで接続を試みたのですが、インターネットにはつながりません。何度やってみても駄目です。配線もチェックしました。しかしどこにも問題がないようです。それでもつながりません。

仕方がないのでその日は諦めて、翌日、事務所からＷｉ-Ｆｉルーターとケーブルモデムをつなぐ別のＬＡＮケーブルを持ち帰りました。自宅のＬＡＮケーブルに問題がないか確認するためです。しかしケーブルを取り替えてもやはりつながりません。

結局私は独力で３日間、悪戦苦闘をしました。しかしつながりません。その間の私が大変不機嫌だったことは、想像してもらえればわかると思います。

４日目、私はサポートセンターに連絡をとりました。なぜもっと早く連絡しなかったかというと、どうせ電話がなかなかつながらないだろう、と考えていたからです。しかし思ったよりスムーズに担当の方と話ができました。

そして担当者の指示で、再度、機器をセットし直してインターネットに接続します。しかしつながりません。ところがセンターの機器からは、ケーブルモデムまで正常につながっている確認がとれました。となると、問題はケーブルモデムの先、つまり私がセッティングした側にあると考えざるを得ません。

そこでもう一度、LANケーブルを取り替えることにしました。そしてLANケーブルをケーブルモデルに差すときです。モデム背面の端子の様子が、電話で話す担当者の内容と違います。「おかしいですね」と担当者と話していると、何と、私がケーブルモデムだと思っていたのは、ケーブル回線で電話するためのVoIP用モデムだったことが判明しました。

VoIP用モデムとは別にあった、本物のケーブルモデムのLAN端子にLANケーブルを差すと、何ともあっさりインターネットに接続できました。私はサポートセンターの担当者に、こちらの手違いを詫びたことは言うまでもありません。

以上が、今回私が3日間悪戦苦闘し、4日目にようやく解決を見た「WiFiルーター事件」の顛末です。では、この顛末をABCDEモデルで考えてみることにしましょう。

## ●ネガティビティのデススパイラル

まず、「A（困った状況）」です。今回の場合は、新たに自宅に導入したW i F i ルーターが正常に動きません。そのためモバイル機器からインターネットに接続できません。これは極めて不便な状況です。

次に、「B（思い込み）」です。これは、困った状況下で機械的に抱く思い込みです。ポイントは「機械的」という点です。思い込みは従来自分が持っている信念や凝り固まった考え方から機械的に生まれます。

先にもふれたように、私はIT系の知識をそこそこ持っています。そんな私ですから、「私はW i F i ルーターくらい接続できなければならない」という思いを当然のように抱きました。

また、何度やってもインターネットに接続できなかったわけですが、私は繰り返して配線に間違いがないか確認しました。こうして「私が間違っているはずはない」という思いも抱きました。

しかし、現実問題としてインターネットにつながりません。そのため私は「年末に我が家へやって来る人にインターネットにはつながらないと言わなければならない」「格好悪い」「面目丸つぶれだ」という思いを抱きました。さらに「実家にもビデオ電話ができないのではないか」「もうW i F i でインターネットにつながらないかもしれない」……。

こうやって書いていると、何とも馬鹿げたことを次々と考えていたものです。しかし、接続できない当時は、このような考えが本当に頭をよぎりました。

では、続いて「C（結末）」です。こちらでは「B（思い込み）」の結果、私たちが抱く感情を明確にします。確かにインターネットにつながらないのは失望です。しかし、「IT通であるはずの私」がやってつながらないのですから、失望および落胆はより大きくなります。また、ふがいない自分自身に対する怒りが込み上げてきます。

加えて、「私が間違っているはずはない」という信念から、どこかに悪者がいるはずだという疑心暗鬼が湧いてきます。これが嵩じるとやはり怒りに変わってきます。

さらに、「このままインターネットにつながらないのでは……」と考え出すともう駄目です。将来の不安や自分に対する情けなさ、諦めたくなる感じと、なんとも複雑な感情が湧いてきます。

このように、一度ネガティブ思考のスイッチが入ると、不思議なことに人は悪い方へ悪い方へと考えてしまうようです。これに従って、ネガティブな感情が次々と湧き起こり、気分はどんどん滅入っていきます。まさにネガティビティのデススパイラルです。この悪循環をどこかで断ち切る必要があります。

## ●非論理的な自分自身を追求する

そこで実行するのが「Ｄ（反論）」です。つまり自分の根拠のない非論理的な思い込みに対して、徹底的に反論を行います。誤った思い込みによく見られるのが、「～でなければならない」「～のはずがない」「～に間違いない」という断定型の言い回しです。

そもそも、昔からＩＴ関係の記事を書いてきたからといって、私があらゆるＩＴの情報に精通しているわけではありません。仮にかなり高い知識レベルだとしても、いつも完璧でいることは不可能です。ですから「私はＷｉＦｉルーターくらい接続できなければならない」という信念は間違った思い込みです。

先にふれた説明スタイルを思い出してください。「永続性」「普遍性」「個人度」が基準になりました。「私はＷｉＦｉルーターを接続できなければならない」という命題には、「私は永続的に」という意味が含まれています。永続的に接続し続けるなど不可能です。やはりこの信念は誤りであることは明らかです。

同じことが「私が間違っているはずはない」にも言えます。私が毎回正しいとは限りません。永続的に間違いを起こさないなど不可能です。ですから、やはりこの信念も誤りです。

さらに自分でも情けないのは、このトラブルから生まれた空想が、ネガティブな方向にどんどん広がっている点です。そもそもまだ直らないと決まったわけでもないのに、年末のことを考える必要はありません。

ましてや「格好悪い」とか「面目丸つぶれ」と考えるところなど、あのネガ夫くんが不合格になったことから、「こんな体たらくじゃ恋人もできない」と考えたのにどこか相通じます。いずれも結論を極端に一般化あるいは飛躍させ過ぎていますから、適切な論理とは言えません。

このように、「B（思い込み）」で浮かんだことに「証拠はあるか?」「別の考え方はできるか?」と問いましょう。たいていの思い込みは、どこかに非論理的な部分があるはずです。

また、仮にその思い込みが本当だったとしましょう。では、「それがどんな意味を持つか?」「その考え方は有効なのか?」と自問しましょう。また、「仮にそうなったことで将来はどう変わるのか」を冷静に分析しましょう。しかしここまで考えなくても、多くの思い込みは、どこかに綻びがあるのが一般的なようです。

この「D（反論）」の段階は、自分との対話、内省の時間です。ある意味で、自分の間違った信念、誤った思い込みを正す機会ととらえるべきなのかもしれません。

最後は「E（元気づけ）」です。論理的に自分の誤りを正したら、あのネガティブな感情がずいぶんおさまったはずです。冷静な気分になれば次にとる行動も変わってきます。少なくとも投げやりな態度でいるよりも、ずっと賢明な選択ができるはずです。「私は泥沼にはまることなく、よりよい選択ができた」と考えるだけでも、勇気が湧いてくるではありませんか。

このようにＡＢＣＤＥモデルは、愚かであったり、良識を失ったりした自分自身に、合理性を取り戻すための強力なツールになります。ネガティブ思考の悪循環に陥ったら、ＡＢＣＤＥモデルを活用して、ポジティブな自分自身を取り戻したいものです。

## ●ＡＢＣＤＥモデルの簡単利用

ＡＢＣＤＥモデルの難点と言えば、「ＡＢＣＤＥ」という名称から手順を想起しづらい点ではないでしょうか。また５段階の手順を暗記したつもりでも、若干複雑なため必要な時に思い出せないこともあります。

そこでＡＢＣＤＥモデルの簡易版とも言える「トリプルカラム法」を用いる手があります。この手法は認知療法で著名な心理学者デビッド・バーンズが提唱したものです。認知療法とは人が成長することで形成するスキーマ（間違った信念）に焦点を当て、歪んだ考えを改善することで精神の安定を目指します。１９６０年代に心理学者アーロン・ベックによって提唱されました。

認知療法では、ネガティブな思考のほとんどが常に認知の歪みを含むと考えます。この歪みを矯正することが心理療法の目指すところとなります。したがって、考え方は論理療法と非常に近いものがあります。そのため論理療法や認知療法をまとめて「認知行動療法」と呼ぶこともあります。

バーンズの提唱するトリプルカラム法では、ネガティブな思考や自己卑下的な考え、いわゆる「自動思考」が浮かんだら、まずそれをはっきりと意識して正確に記録します。

次に自分の考えの誤り、いわゆる「認知の歪み」について考え、その個所を特定します。そしてその考え方がなぜ歪んでいるのかを学ぶようにします。

そして認知の歪みを改善して合理的な考えに改めます。これを「合理的な反応」と呼びます。

通常は紙に3つの列を作り、それぞれの列は左から「自動思考」「認知の歪み」「合理的な反応」とします。そして、頭に浮かんだ「自動思考」を記録して、その右に「認知の歪み」、さらにその右に「合理的な反応」を記入します。たとえばこんな感じです。

自動思考　私が間違っているはずはない。
認知の歪み　全か無か思考。
合理的な反応　私は人間だ。間違うことだってある。

このように3段階で誤った考えを改善することからトリプルカラム法と呼ばれています。ここでのポイントは何といっても「認知の歪み」の特定でしょう。

## ●代表的な認知の歪みを理解する

この「認知の歪み」の特定では、あらかじめ代表的な誤った認知の歪みについて知っておくことが得策です。バーンズは次の10種類を代表的な認知の歪みとして掲げています。

まず、「①全か無か思考」です。これはものごとを白か黒かで判断する態度です。二分法思考とも呼ばれています。「正しいのは私たちだ」と断定した場合、「他の人は誤っている」という考えを含むため、「全か無か思考」と言えます。「私が間違っているはずはない」や「いつも完全でなければならない」は「全か無か思考」の1つと言えるでしょう。

余談ながら、創造性開発の大家エドワード・デ・ボノは「水平思考」の提唱者として著名です。水平思考とは、正しい解答を見つけるよりも、異なる解決策を多数見つけるための思考法です。その際に重要になるのが「ＰＯ（Provocation Operation／ポー＝刺激的操作）」だ、とデ・ボノは言いました。

「ＰＯ」とは「ＹＥＳ」でも「ＮＯ」でもない、何か心にひっかかる状況を示します。このひっかかりから斬新なアイデアが生まれる可能性が高いとデ・ボノは言います。この態度は「全か無か思考」の否定とも言えるでしょう。

次に「②一般化のしすぎ」です。これは何か悪いことが起これば、これですべて駄目だと考える態度です。「試験に落ちた」から「やっぱりオレは駄目な男だ」と考えるのは、「一般化のしすぎ」

だと言えます。

また「③心のフィルター」は、たった1つの悪いことにこだわって、そればかりくよくよ考える態度を指します。こうなると世の中の明るい面が見えなくなります。

それから「④マイナス化思考」もよくある認知の歪みです。こちらは良いことを無視してしまって、いいことや何でもないことでも、全部悪い出来事にすり替えてしまう傾向です。

続いて「⑤結論の飛躍」もよく見る認知の歪みです。これは事実とは異なる悲劇的な結論を一足飛びに出してしまう傾向を指します。この結論の飛躍には、人の心の中を勝手に理解する「心の読み過ぎ」と、将来不幸なことばかりが起こると考える「先読みの誤り」の2種類があります。

次に「⑥拡大解釈（破滅化）と過小評価」は、自分の失敗を過大に考え、長所を過小評価する考え方です。また他人に対しては成功を過大評価し、欠点を見逃します。悲観的な人のものの見方の典型と言えるでしょう。

また、自分の感情が真実を証明すると考える態度も認知的に歪んでいます。これを「⑦感情的決めつけ」と呼びます。「今日は気分がすぐれない。きっと悪いことが起きる」などは、「感情的決めつけ」の一例です。

さらに「⑧すべき思考」にも要注意です。これは「こうすべき」「こうあるべき」と考える態度です。「WiFiルーターくらい接続できなければならない」と考えた私は「すべき思考」のとりこになっていたと言えます。また他人に「すべき思考」を適用すると、欲求不満のもとになるので要注意です。間違った認知に基づいてネガティブなイメージを形成する態度もよくありません。これを「⑨レッテル貼り」と呼びます。間違った認知で自分にレッテル貼りしたり、他人にレッテル貼りしたりすると、物事は良い方向に進みません。

最後は「⑩個人化」です。これはよくない出来事を理由もなく自分のせいにする態度です。

トリプルカラム法の「認知の歪み」では、「自動思考」がこれら10種類のいずれに該当するかを見つけ出す作業とも言えます。もちろん、この10種類以外でも歪みが考えられるのならば、それはそれで問題はありません。いずれにせよ、「合理的な反応」で認知の歪みを正すのがここでの目的なのですから。

## ●アーロン・ベックの「歪んだ考えの日常記録」

認知療法の創始者であるアーロン・ベックが開発した「歪んだ考えの日常記録」も、ネガティブな気分から抜け出すのに使える手法です。その内容はトリプルカラム法をより詳細にしたものであり、ＡＢＣＤＥモデルをアレンジした方法とも言えます。

何か不都合な状況に陥ったら、次の６点について記録するのが「歪んだ考えの日常記録」の基本となります。

①状況　不快な感情のもとになった出来事を簡単に記します。
②感情　悲哀・不安・怒りなどの感情を記します。また、その度合いを1～100％で記します。
③自動思考　感情に伴う自動思考を特定します。
④認知の歪み　自動思考における認知の歪みを特定します。
⑤合理的な反応　自動思考に対して、合理的な反応を書きます。
⑥結果　その後の気分を1～100％で記します。

この手法の特徴は、認知の歪みを正す前と後の感情を、1～100％の度合いで表記する点でしょう。不思議なことに、この度合いを記すと怒りや不安といったネガティブな感情が実際に低下したことを実感できます。これは精神衛生上、大変好ましいことだと言えます。一例を示しておきましょう。

①WiFiがつながらない。
②怒り‐80％、落胆‐80％

③私はＷｉＦｉルーターくらい接続できなければならない。
④全か無か思考。すべき思考。レッテル貼り。
⑤私は全能ではない。ＷｉＦｉルーターを接続できない時もある。
⑥怒り－20％、落胆－50％

いかがでしょう。この「ＷｉＦｉルーター事件」の場合、私は機器を適切に接続できなかった自分自身が腹立たしかったわけです。だから右のように心の中を整理すると、自分を許せる気持ちになってきます。そのため、最初は「怒り」が「80％」だったのが、認知の歪みの改善後は「20％」にまで低下したわけです。

ネガティブな感情を抑制して、よりポジティブな態度を取り戻すのに、この目に見える数字の効果は絶大だと言えます。気分が落ち込んだ時、何かトラブルが生じた時、ぜひとも一度試してみてください。

## ●マインドセットは作り替えられる

アドラー心理学の創始者であるアルフレッド・アドラーは、人がそれぞれ持つ信念や信条、自分の行動を決める方針を「ライフスタイル」と呼びました。しかし不適切なライフスタイルは、外面的には周囲との軋轢を生み、内面的には精神的な苦痛を生み出します。

このライフスタイルと類似した語に「マインドセット」があります。マインドセットとは人が物事の認知の仕方を決める「心の在り方」を意味します。表現こそ異なりますが、マインドセットの意味は、アドラーが述べたライフスタイルと同じだと考えて問題ないと思います。

アドラーは、ライフスタイル（マインドセット）は「虚構」だと考えました。その虚構の一例としてアドラーは子午線を挙げています。そしてライフスタイルも子午線みたいなものだとアドラーは言います。

われわれは、虚構という意味で、一種の現実的な創造力において、現実には存在しない固定した点に依存している。（中略）例えば、地球を実際には存在していないが、仮定として大きな価値を持っている子午線で区分するような試みである。

アルフレッド・アドラー『人間知の心理学』（2008年、アルテ）

子午線は人間が作り出した虚構です。私たちは虚構であるこの子午線のおかげで、地球上での位置を特定でき、またこれから進むべき方向を確定できます。私たちにとって大変便利なものです。

ライフスタイルも同様です。私たちはライフスタイルのおかげで「人生というカオスのなかで方向を定める」ことができます。

しかし、先にもふれたように、ライフスタイルが不適切だと、私たちの人生はあらぬ方向に向かいます。とはいえ、ライフスタイルは子午線と同じく虚構です。したがって、不適切なライフスタイルは、適切なライフスタイルに書き換えられます。

実は本章で見たＡＢＣＤＥモデルやトリプルカラム法などは、この「ライフスタイル＝マインドセット」を書き換えるための実践的手法と言えるでしょう。

私は良き父、良き母でなければならない。

私は優れたリーダーでいなければならない。

私は誰からも愛される存在でなければならない。

私たちは多様な信条や信念を持っています。これらが複雑にからまってライフスタイルが構築されるのでしょう。しかし愚かな命題は自分自身を不幸にしてしまいます。このようなライフスタイルは、本章で紹介した論理的な態度で少しずつでも修正していくのが得策です。

その少しばかりの改善で、ウェル・ビーイングの度合いがさらに増すと思います。

# 第6章　ポジティビティを高めるための技法

## ●人間が持つ生体リズムについて知る

前章で紹介した「ＡＢＣＤＥモデル」や「トリプルカラム法」、さらには「歪んだ考えの日常記録」は、ネガティブ感情やネガティブ思考に足を絡め取られた時に、ポジティブ感情やポジティブ思考を取り戻すのにとても有効です。

もちろん感情や思考をポジティブに切り替える方法はほかにも多数あります。実際、ポジティブ心理学では科学的に証明された多くの手法を私たちに提示してくれています。本章では効果が高く比較的容易に実行できるいくつかの手法についてふれたいと思います。

そこで、まずはちょっと意外かもしれませんが、生体リズムの話から始めたいと思います。

人間は一般に共通する生体リズムを持っています。中でも24時間を周期とする「サーカディアン・

リズム」は、私たち人間の活動に深く結びついています。サーカディアンは、ラテン語の「circa（約、だいたい）」と「dies（日）」から成る「circa dise」を語源にしており、「概日リズム」とも表記することがあります。また、サーカディアン・リズムとは別に「ウルトラディアン・リズム」という生体リズムもあります。これはサーカディアン・リズムより周期が短いもので、その典型が90分から120分の周期です。

私たちの身体エネルギーはこうした生体リズムの影響を受けて変化します。一般に、身体のエネルギーは、起床後7時間は上昇を続けてピークを迎えます。時間で言うと午後1時頃です。その後3時間は下降を続け、最もエネルギーが低下するのは午後3時～4時になります。これはウルトラディアン・リズム、サーカディアン・リズム双方で最も低調なタイミングと一致するといわれています。さらにその後3時間は再び上昇し、午後6時～7時に2度目のピークを迎えてそれ以降は下降を続けます。

またこれとは別に、ストレスの高まりが私たちを襲いますが、ピークは起床後10時間～11時間で、これはちょうど日中にエネルギーが最も低下しているタイミングと合致します。

以上は心理学者ロバート・セイヤーの著作『毎日を気分よく過ごすために』（1997年、三田出版会）を参考に記しました。セイヤーの述べていることは私の個人的経験にもぴたりと合致します。

私は経験上、午前中に仕事がはかどることがわかったため、夜型を改めて朝型に変えました。朝型に変えてからかれこれ10年くらい過ぎるでしょうか。

起床は現在6時から6時半の間で、朝食のあと徒歩30分の事務所に向かい、遅くとも7時半までに仕事に取り掛かります。そして午後6時半から7時頃まで事務所におり、その後帰宅します。寝るのは10時半から11時半の間です。

このような暮らしを続けていて気づいたことがあります。それは午前中さくさくと進んだ仕事が、午後3時頃になると効率が大幅に落ちることです。ただし、それからしばらくすると効率は持ち直し、そのまま事務所をあとにするまで維持できます。

このサイクルは、セイヤーが言う身体エネルギーの変化と見事に一致しています。どうやら私自身も、人が一般的に持つ生体リズムで生活しているようです。

## ●時間管理とエネルギー管理を組み合わせる

なぜこのような話をしたかというと、自分の身体エネルギーの基本的な変化を知ることは、ポジティブな生活にも直結するからです。

そもそも、早朝からエネルギーの上昇するタイミングに合わせて重要な仕事をこなすということは、身体エネルギーの変化と合致していて理にかなっています。また、難しい意思決定や重要な商談は、このエネルギーが高いタイミンクで実行すべきでしょう。

反対に重要な活動をエネルギーの低下した時間帯にすべきではありません。仕事の能率は上がりません。間違った意思決定をするかもしれません。また、商談が破談することもあるかもしれません。何しろ身体エネルギーが低いのですから、パフォーマンスも低くならざるを得ないからです。

また、エネルギーの低い時間帯に将来のことを考えると、現在の低いエネルギー状況をベースに考えてしまうことから、可能なことも不可能に判断してしまいます。同様にこの時間帯は、自分の人生などといった重たい問題を考えるのも避けた方が賢明です。どうしても先行きを悲観的に考えてしまうからです。

では、エネルギーの高い時に将来について考えればいいのかといえば、必ずしもそういうわけではありません。高いエネルギーの時に非現実なことを考え、低いエネルギーの時に実行すれば、失敗はほぼ間違いないからです。

このように考えると、時間を管理して効率的に仕事をすることも大事ながら、エネルギーを上手に管理することもとても重要です。セイヤーは次のように時間とエネルギーの管理を上手に組み合わせることを提案しています。これはウェル・ビーイング度を上昇させる決して難しくはない有効な方法のように思います。

①エネルギーの低い時間帯はストレスを最小限にする。
②ストレスの多い活動はエネルギーの高い時間に実行する。
③微妙で大切な議論はエネルギーの低い時間に行わない。
④知的な作業に向く時間（平静・エネルギーの時間帯）と向かない時間（緊張・疲労の時間帯）がある事を理解する。

このような方針に従って日頃のスケジュールを見直してみてはどうでしょう。仕事の成果ばかりか精神的な健康も向上できるに違いありません。

## ●休息をあなどってはいけない

スポーツ心理学の権威であるジム・レーヤーも、エネルギー管理の重要性を説く人物です。レーヤーは、人が持つエネルギーの状態を、ネガティブ感情とポジティブ感情、エネルギーのロー（低）とハイ（高）の組み合わせから４つに分類しました。

ネガティブ感情でエネルギーがローだと「ロー・ネガティブ」、逆にエネルギーがハイだと「ハイ・ネガティブ」になります。ロー・ネガティブは落ち込んだ状態、疲れ果てた状態、ハイ・ネガティブは腹立たしい状態や怒っている状態を指します。

また、ポジティブ感情では、エネルギーがローだと「ロー・ポジティブ」、逆にエネルギーがハイだと「ハイ・ポジティブ」になります。ロー・ポジティブは快適なリラックス状態や穏やかでくつろいだ状態、ハイ・ポジティブは活気に満ちて自信がみなぎる状態です。

もちろん日常生活ではハイ・ポジティブであることが理想です。この状態だと仕事や学業の成果も上がるでしょう。実際、身体エネルギーを低い状態から中間の状態まで高めると、同様に緊張やストレスも高まってきます。この身体エネルギーがより高い状態になると、今度は緊張が減少することが研究からわかっています。ハイ・ポジティブとはこのような状態を言うのでしょう。

しかし私たちには、常時ハイ・ポジティブでいられるほどの身体エネルギーがありません。実際、緊張が高まるとあるところまではエネルギーが高まりますが、ある点を越えるとエネルギーが減少し始めることも研究でわかっています。

この点を考えずに活動を続けると、やがてハイ・ネガティブになったりロー・ネガティブになったりします。つまり怒りっぽくなったり、疲れ果ててミスを連発したりするわけです。

こうした愚を避けるためにレーヤーは、休息によるエネルギーの回復を重視します。レーヤーは、人の身体はウルトラディアン・リズムに相当する90～120分の間隔で休息と回復を要求する、と主張しています。あくびや伸びは身体が休息を要求するシグナルです。

この時に活動を継続せず、適宜休息するのがエネルギー管理のポイントになります。たとえば短い昼寝などは身体エネルギーを回復するのに効果的なことがわかっています。この休息はハイ・ポジティブからロー・ポジティブに意識的に移行する活動とも言えます。つまり、身体リズムに合わせて意識的にハイ・ポジティブとロー・ポジティブの状態を切り替えるわけです。

また、先にふれたロバート・セイヤーは、休息のための散歩を推奨しています。散歩や軽い運動が、①エネルギーの向上、②緊張の緩和、③楽観性の増大、これらに効果があるとセイヤーは言います。たとえば、10分程度きびきび歩くことで、「ほとんどの人が1日に経験するピークの量に近いエネルギーを得られることがわかった」とも述べています。そして、増加したエネルギーで緊張は低下し、その効果は少なくとも60分間持続する、とセイヤーは言います。

そういえば、哲学者エマニュエル・カントは、散歩を日課にしたことで有名です。カントは規則正しい生活をした人としても著名でしたが、もしかすると経験的に散歩が身体エネルギーの回復に有効であることを知っていたのかもしれません。

## ●身体の状態を客観的に理解する

自身の身体エネルギーや感情の状態を知る場合、通常は主観的な認知に頼るのが一般的です。しかし、近年はＩＴの進展も著しく、専用装置を用いて現在の心の状態を把握できるようになってきています。その1つに指尖脈波《しせんみゃくは》を測定して人の心理や精神の状態を把握する自己診断システムがあります。心理学者の雄山真弓・関西学院大学名誉教授が開発した、指尖脈波測定装置とデータを解析する専用ソフトウェア・システムもその1つです。

指尖脈波とは生体情報の1つで、指先の毛細血管を流れるヘモグロビンの増減を指すもので、この増減によって脈波が生じます。脈波から得られる情報は身体の変化と密接な関わりがあります。また、心的な状態をも的確に反映することがわかってきています。脳の中枢型の情報が指尖脈波に含まれていることが研究でわかったからです。

指尖脈波から得られた時系列の情報は、ターケンス埋め込み法という特殊な手法を用いることで「アトラクター」を描くことができます。アトラクターとは、変化の軌道が特定の領域におさまり一定のパターンを持つ形状を指します。アトラクターにはいくつかの代表的な種類がありますが、指尖脈波の場合、そのうちの1つであるカオス・アトラクターを描きます。

私たちは「カオス」と言った時、「無秩序（ランダム）」という言葉をイメージします。しかしカオスは無秩序ではありません。一見、無秩序には見えますが、人の認知力では把握できない一定のパターンを持つものをカオスと呼びます。このカオス本来の意味を把握せず、思慮分別もなく「無秩序」と考える傾向は明らかに問題です。

それはともかく、指尖脈波がカオス・アトラクターを描くということは、指尖脈波には複雑だけれども一定のパターンが存在することを意味します。指尖脈波測定のシステムでは、このパターンを「見える化」して、私たちの心身の状態を把握できるようになっています（次ページ図６）。

私も実際にこのシステムを用いて私自身の指尖脈波を測定したことがあります。健康な人の脈波は適度にゆらいでいます。これはアトラクターの幅が適度な広がりを持つことを意味します。

しかし鬱状態の人はこの幅が狭まり、アトラクターの形状が固定化する傾向にあります。また、躁状態になるアトラクターの幅が大きく広がる傾向になります。

このように指尖脈波から得られたアトラクターの状態から、自分自身の心の状態を主観的にではなく客観的に把握できます。

現在のシステムでは、専用ソフトを導入したパソコンやタブレットに指尖脈波測定装置を取り付けて測定する仕様になっています。外部装置を取り付けなければならないところが普及のネックになっているようにも見えます。

もっとも、いまやｉＰｈｏｎｅなどでは指紋情報を認識できる機能を持っています。外部装置なしで指尖脈波を認識できるようになれば、もっと簡単に自分自身の心の状態を客観的に把握できることになるでしょう。

さらにクラウドなどに情報を蓄積できれば、時系列で心的状態の推移も把握でき、そこに何らか

図６　健康的なアトラクターとうつ状態のアトラクター

ゆらぎが大きいアトラクター（健康な子供）

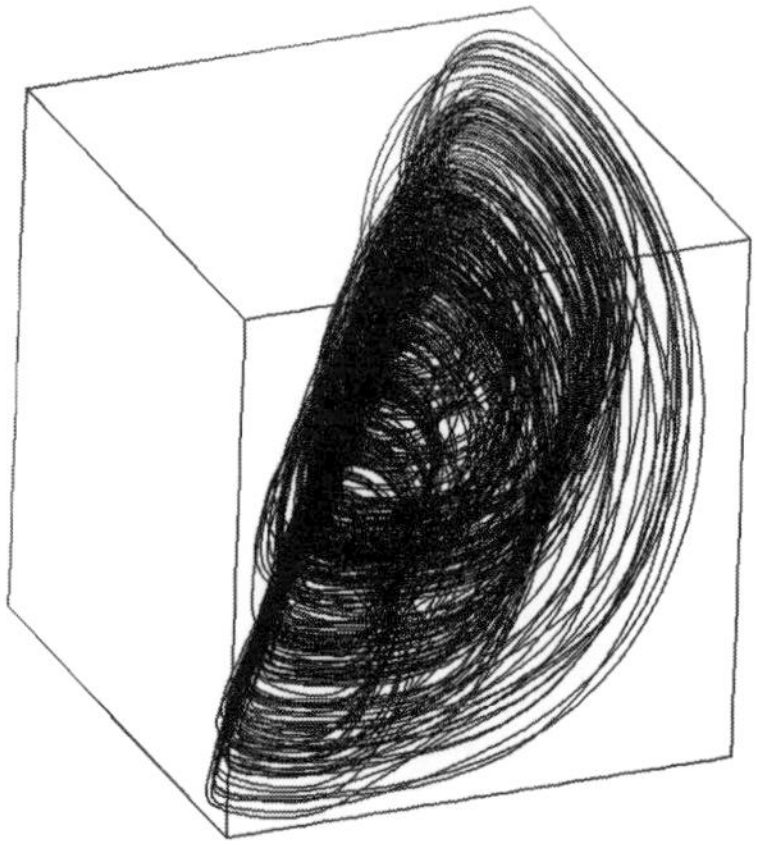

ゆらぎが小さいアトラクター（疾病者）

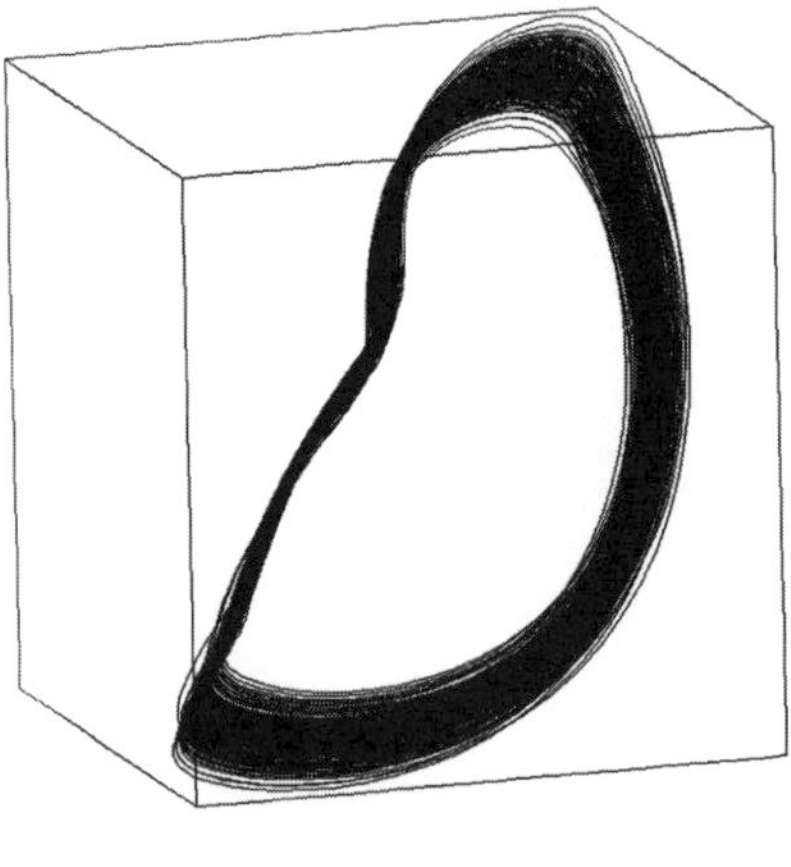

資料提供：雄山真弓・関西学院大学名誉教授

のパターンを見出せるかもしれません。今後の展開が期待されるところです。

なお、指尖脈波のアトラクター分析に関しては雄山真弓著『心の免疫力を高める「ゆらぎ」の心理学』（2012年、祥伝社新書）に詳しいので、こちらを参照してください。また、バーバラ・フレドリクソンも著作『ポジティブな人だけがうまくいく3：1の法則』の中で、アトラクターを用いた研究報告を行っています。

## ●音楽が持つ幅広い効用

私たちは心の在り方を切り替える際に気分転換を行います。この気分転換には、ポジティブ感情を高めるための気分転換と、ネガティブ感情を低減させるための気分転換があります。いずれも身体エネルギーを相対的に高める活動だと言えます。

前出のロバート・セイヤーは、人は自分自身の気分をどのようにして調整しているのかに興味を持ち、大規模な研究を行いました。この結果、特定の状況下で人は次のような行動を取っていることがわかりました。カッコ内はその行動を採用している人の割合です。

【いやな気分を変えるための行動】
①誰かに電話する、人と話す、誰かと一緒にいる（54%）
②思考をコントロールする（51%）
③音楽を聴く（47%）
④いやな気分の原因となること、あるいは人物を避ける（47%）
⑤一人でいるようにする（47%）

【注意力やエネルギーを高めるための行動】
①休息する、昼寝する、目を閉じる、あるいは寝る（68%）
②シャワーを浴びる、湯につかる、水で顔を洗う（55%）
③外に出て新鮮な空気を吸う（45%）
④何かをして、忙しくする（43%）
⑤コーヒーや、他のカフェイン飲料を飲む（41%）

【神経過敏や緊張、不安を軽減するための行動】
①誰かに電話する、人と話す、誰かと一緒にいる（59%）

②思考をコントロールする（58％）
③音楽を聴く（53％）
④運動する（44％）
⑤リラクセーション法を使う（44％）

ロバート・E・セイヤー『毎日を気分よく過ごすために』

この中でセイヤーが注目しているのが「音楽を聴く」です。いやな気分を変える、あるいは緊張を軽減する場合、「音楽を聴く」はともに3位にランクされています。また、エネルギー高める際の行動に「音楽を聴く」は見えませんが、実は6位にランクインしていて、その採用割合は「カフェイン飲料を飲む」と同じ「41％」です。ですから5位にランクインしているると考えてもよいでしょう。

このことからセイヤーは、自身が研究した「いやな気分を変える行動」「エネルギーを高める行動」「緊張を軽減する行動」という3つの分野のいずれでも、音楽が非常に有効である、と結論づけています。

## ●脳波や脈波から見た音楽の効用

前出の雄山真弓・関西学院大学名誉教授は、音楽の効用を脳波や脈波から特定する実験を行っています。この研究では、音楽鑑賞前、音楽鑑賞中、音楽鑑賞後で人の脳派と脈波から得られる最大リアプノフ指数がどのように変化するのかを測定しています。

最大リアプノフ指数とは、アトラクターの変動幅を示す値で、大きいほどゆらぎの幅は大きく、小さいほどゆらぎの幅は小さくなります。つまりポジティブ感情の時には最大リアプノフ指数は大きく、逆にネガティブ感情の時に最大リアプノフ指数が小さくなるということです。

実験全体は15分で、まず被験者はベッドに5分間横たわります。そのあと、5分間音楽が流れ、最後の5分間は音楽なしでそのままベッドに横たわっています。実験に用いた曲は中島みゆきの「時代」と美空ひばりの「川の流れのように」だったそうです。

その結果、まず脳波の最大リアプノフ指数は、音楽鑑賞前よりも音楽鑑賞中の方が下がる傾向にありました。しかし音楽鑑賞後になると、最大リアプノフ指数の値は上昇し音楽鑑賞前よりも高くなりました。

一方、指尖脈波の最大リアプノフ指数は、音楽鑑賞前よりも音楽鑑賞中のほうが上がる傾向にありました。また、音楽鑑賞後の最大リアプノフ指数は音楽鑑賞中よりも若干下がる傾向を見せました。

ただ、音楽鑑賞前よりも音楽鑑賞後の最大リアプノフ指数のほうが高い傾向にありました。

このように、脳波または指尖脈波いずれにおいても、音楽は鑑賞前よりも鑑賞後に、最大リアプノフ指数の値を押し上げる効果があることがわかります。これは音楽がポジティブ感情を促すのに効果的であることを示しています。

また、脳波のみを見た場合、「音楽鑑賞中に気持ちの高ぶりを抑制し、その後一気に発散させているよう」(『心の免疫力を高める「ゆらぎ」の心理学』)にも見える、と雄山名誉教授は述べています。

人の音楽に対する趣味は多様です。今回の実験被験者が中島みゆきや美空ひばりのファンだったかどうかはわかりません。ただ、被験者が自分の好みの音楽を聴いたとき、最大リアプノフ指数がどのように変化するのかは、大変興味をそそられます。

また、たいていの音楽愛好家は、気分に合わせて流す音楽を決めます。活動的になりたい時はこの曲、心を静めたい時にはこの曲というようにです（だから音楽鑑賞はセイヤーの言う3つの分野のいずれでも有効なのでしょう）。こうした用途に合わせた音楽で、最大リアプノフ指数がどのように変化するのかも知りたいところです。

いずれにしろ音楽には、私たちのウェル・ビーイングに効果があることは間違いないようです。

## ●3つの良いこと

ここまでで記してきたポジティビティを高める具体的手法は、どちらかというとポジティブ心理学者以外から提示されたものです。ここからは主にポジティブ心理学者が勧める、ポジティビティ向上に効果的な科学的手法についてふれたいと思います。

まずは、マーティン・セリグマンやクリストファー・ピーターソン、イローナ・ボニウエルなどのポジティブ心理学者が口をそろえて効果があるという「3つの良いこと」から話を進めましょう。

これは毎日1日の終わりに、その日うまくいった出来事、嬉しかった出来事、良かった出来事を書きとめるというものです。

その際に、「この良いことはなぜ起きたのか」「この出来事は自分にとって何を意味するのか」「将来、もっと良いことを経験するにはどうすればいいのか」などについても同時に問うようにします。

このエクササイズを1週間実行すると、最長で6カ月間、幸福感が増大すると同時に抑うつ症状が軽減したという報告があります。

「3つの良いこと」が効果的な根拠はいろいろ考えられるでしょう。中でも「ピークエンドの法則」は特に重要な根拠のように思います。

前章でプロスペクト理論を提唱した心理学者ダニエル・カーネマンについてふれました。ピークエンドの法則はこのカーネマンが提唱したもので、人の経験に対する印象は必ずしも絶対的なものではなく、ピーク時の感情と最終局面での感情の平均で決まるということを次の実験で明らかにしました。

ある病院で次に示す2種類の内視鏡検査を行いました。1つは通常の内視鏡検査、もう1つは通常の内視鏡検査のあと、数分間内視鏡の先を直腸に残しておくというものです。

内視鏡による検査は不快なものです。ですから短時間で終了する前者の検査はより不快感が少ないと考えられそうです。ところが患者682人を2つのグループに分けて、それぞれ一方の検査を受けてもらったところ、前者よりも後者の検査のほうが、苦痛の評価は10％小さいという結果が出ました。

両検査ではピーク時の苦痛に変わりはありません。異なるのは終わり方です。そして後者の検査の場合、その終わりの間における不快感が前者よりも小さい点が特徴になっています。不快な経験がどれだけ長く続いたかは苦痛の評価に反映されませんでした。このような現象を「デュレーション・ネグレクト（継続時間の無視）」と呼びます。

以上からカーネマンは、人の経験に対する評価は、ピーク時の感情と終了局面の感情の平均だと考えました。これをピークエンドの法則と呼びます。つまり、後者の検査のほうが最終局面で不快感が小さかったために苦痛の全体評価に対する平均値が下がったわけです。

このピークエンドの法則を念頭に「3つの良いこと」について考えてみましょう。

朝起きて夜寝るまで、良いことや悪いことも含めて私たちはさまざまな経験をします。そして1日の終わりでその日のよかったことについて考えるということは、考えないでいるよりも幸福感が高まるでしょう。その結果、ピーク時の感情と終了局面である1日の終わりにおける感情の平均において、より幸福度が高まることになります。つまり「3つの良いこと」を記すということは、ピークエンドの法則から、幸福度の平均を押し上げる効果を生み出すわけです。

面白いのは「3つの良いこと」の比較実験の結果です。「3つの良いこと」を書き出す作業を、1日の終わりではなく1日の始めに実行したところ、1日の終わりに比べるとほとんど効果がないことがわかりました。1日の始めだとピークエンドの法則に従った行動ではないために、効果が表れなかったと考えられます。

また、良いことを3つではなく10個書き出してもらう実験もあります。その結果も、やはり3つほどの効果は出なかったといいます。数が多いとどうしてもありふれた内容を列挙せざるを得ません。その結果、終了局面における幸福度の平均を押し下げます。そのため全体の幸福度も押し下げる結果になるのだと考えられます。

「終わりよければすべて良し」という言葉があるように、経験に対する印象はちょっとのことで変わるものです。そしてピークエンドの法則に従えば、幸せな経験についてそのピーク時とフィナーレ時に細心の注意を払うことで、私たちの経験をより良いものにできるはずです。

## ●経験を深く味わう

次のページの図7を見てください。これが何だかわかりますか?

実はこれ、私が散歩の途中にｉＰｈｏｎｅのカメラ機能で撮ったコケの写真です。同定は難しいのですが、手元の事典で照らし合わせると、ツヤゴケの一種、もしかするとオオミツヤゴケではないかと思います。

写真に見える柄の先についた袋状のものは「蒴《さく》胞子嚢《のう》」と呼ぶもので、この中に胞子が多数詰まっているそうです。

しかし、見れば見るほど何とも不思議な世界です。しかもこんな不思議な世界が、散歩の途中という極めて日常的な活動の中で見つけ出せるのですから、驚きといえば驚きです。また、肉眼ではこのような神秘な世界をなかなかキャッチできません。その意味で、スマホのカメラ機能は、私たちの眼機能を拡張するパワーが備わっていると言えます。

それはともかく、私たちは日常、身近にあるにもかかわらず、こうした驚くべき世界には目もくれないで生活しています。そこで、立ち止まって普段は特に注意も払わずにいた現象や行動を注意

図７　ツヤゴケ（？）の一種

深く観察します。するとそこにきっと新しい発見があるはずです。

遭遇した嬉しい出来事、良かったことについて、立ち止まって現在を深く味わうことを「セイバリング」と呼びます。このセイバリングも私たちをポジティブにしてくれることが科学的にわかっています。

たとえばある研究では、精神的に落ち込んだ被験者に、1日に1度、普段、急いで済ましていたことを、ゆっくりと注意して行ってみること、と指示しました。そして、「その出来事についてこれまでとはどのように違う経験をしたか」「急いで済ませたときと比べてどう感じたか」を記録してもらいます。

すると、このエクササイズを定期的に行った被験者の幸福度は、目覚ましいほど高まることがわかりました。落ち込むことが少なくなったといいます。

また、セイバリングでは、自分の喜びを他人と共有することで、喜びがさらに拡大すると考えられています。このように考えると、SNSは自分の喜びを他人と共有できるメディアであり、ポジティブになるためのツールとしては、なかなか優れているのかもしれません。

もっとも情報を投稿したところ「いいね！」の数が少なくて、却って落ち込んでしまう可能性も考えられなくはないのですが――。

## ●ここでも使えるフィードバック分析

次に紹介するのは、VIA - ISの作成に尽力したクリストファー・ピーターソンが著作『ポジティブ心理学入門』の中で勧めている手法です。

これは、スケジュール帳に1日の評価を書き込んで、自分にとって良い活動を特定するものです。ピーターソンは「良い1日を」エクササイズと呼んでいます。

スケジュール帳にその日行った活動を記録します。そしてその1日の幸福度を10点満点でランク付けします。10点は「自分の人生で最高の1日だった」で（これは滅多にないかもしれませんね）、1点は「自分の人生で最悪の1日だった」です（こちらも滅多にないに違いありません）。ちなみに5点が「平均か普通の1日だった」になります。

この記録を2週間程度とります。そうしたら、良い1日だった日と悪い1日だった日を比較した上で、それぞれに特徴ある活動や出来事がなかったかを分析します。

そして、良い日によくある活動は自分の気分をより良くする活動、逆に悪い日に共通してある活動は自分の気分を滅入らせる活動の可能性が高いでしょう。

これが特定できたら、今後は気分をよくする活動に積極的に取り組むとともに、気分を後退させる活動はできるだけ回避するようにします。

「この方法って、前にも出てこなかった？」

そうですね。とてもよく似た方法についてすでにふれました。第4章で紹介したフィードバック分析です。フィードバック分析では現在行っている行動を分析して次の行動にフィードバックしました。ただし、その際のフィードバック分析では、自分の強みを特定することを目的にしました。

一方、「良い1日を」エクササイズも明らかにフィードバック分析の一種に分類できます。ただし、こちらは強みではなく「良い活動、悪い活動」の特定に用いているわけです。

また、やはりフィードバック分析の1種と言える「ぐずぐず主義克服シート」についてもふれておきます。これは心理学者デビッド・バーンズが勧めるものです。

私たちは、しなければならないことをぐずぐず引き延ばしてしまう傾向があります。このような「ぐずぐず主義」を克服してよりポジティブになることを目指すのがこの手法です。

まず、ぐずぐずと引き延ばしている作業をいくつかに細分化します。そうしたら、細分化したそれぞれの作業について「予想する難易度」「予想する満足度」を記入します。そうしたら、えいやの気分で実際の行動に移します。

やり終えたら、それぞれの活動について「実際の難易度」と「実際の満足度」を記録します。その上で、始めに予想した難易度および満足度と比較します。すると、概して、「予想する難易度」は高めの値で、また「予想する満足度」は低めの値であることがわかります。

つまり私たちは、ぐずぐずと引き延ばしている作業に、概して、難易度が高く満足度が低い活動のイメージを抱いていることがわかります。

同じ作業でまたぐずぐず引き延ばすようなことがあった時に、過去の分析結果を参照してみましょう。「実際の難易度」や「実際の満足度」を見れば、前者の値は思ったよりも低く、後者は思ったよりも高いことがわかるでしょう。このフィードバックは前向きな行動へと私たちの背中を押してくれるに違いありません。

なおバーンズは、「何かを実行する際、気力か行動か、どちらが先に来るのか」と問いかけています。これに対して「気力」と答えるのが一般的な回答です。

しかしバーンズは、本当は行動が先だと断言します。やる気になるまでぐずぐず待っているのがぐずぐず主義です。やる気などに構わず行動してみましょう。すると行動することで気力が湧いてきて、ぐずぐず引き延ばしていたこともやり遂げられる、ということです。

## ●退屈な作業を前向きにこなす方法

「ぐずぐず主義克服シート」で見た、特定の活動を細分化して分析する作業は、退屈なルーチン作業を前向きに実施するように促す手段にも利用できます。

日常的にこなしている退屈な作業を思い出してください。たとえばコンビニエンス・ストアでアルバイトしている人ならば、レジ打ちや陳列作業などの業務があるでしょう。これらの作業をいくつかの小作業にさらに細分化します。

そうしたら、細分化した作業について「より効率的にするには」「より良くするには」「改善すべき点は」などについて検討します。そして現実的に実行可能な目標を設定します。また可能であるならば、選定した目標の達成度を測定する基準を設けます。

それぞれの小作業について目標を定められたら、目標達成に向けて行動を開始します。その際に活動に没入して目標の達成を目指します。活動に本当に没入できたら「フロー」（第3章参照）の体験も夢ではありません。

というのも、ここで述べた方法は、ミハイ・チクセントミハイが提唱した、退屈なことからフローに至る方法を基礎にしているからです。チクセントミハイは、退屈なことからフローに至る手順として次のステップを明らかにしました。

①目標の設定。
②活動への没入。
③現在起こっていることへの注意集中。

## ④直接的な体験を楽しむことを身につける。

どんな退屈なことにも目標は設定できるでしょう。目標の水準が高ければ、高い能力が欠かせません。能力が足りなければ磨かねばなりません。そして挑戦と技能のバランスがとれた時、私たちはフローを体験できる可能性が高まります。このフローは日常のちょっとしたことにも出現するものです。ちなみにこのようなフローを「マイクロフロー」と呼びます。

ですから、退屈なことを退屈なまま放っておかず、そこに高い目標を見出すようにします。すると退屈だったことが、挑戦すべきことに早変わりします。これはウェル・ビーイングにも大変効果があると思います。

アブラハム・マズローがこんなことを書いています。ある日マズローは学校の式典に参加していました。マズローはこの式典に退屈しきっていました。また、式典のために着用したキャップとガウンという出で立ちが馬鹿馬鹿しく思えてしょうがありません。

しかしマズローは、この場でうんざりしているよりもポジティブになろうと決めます。マズローは式の行列が、自分の目の届かないずっと先まで続いているのだ、と空想することを目標にしました。行列の先頭に立つのはあのソクラテスです。そして、その後に並ぶのは、世に名を知らしめた偉大な学者たちばかりです。マズローはその末席に自分が加わっているのだとリアルに想像しました。やがてマズローはこの空想に大いに感激し、式典に参加している自分自身や自分の式服にも大いに誇りを感じた、と述べています。

マズローが実行したことも、退屈な活動に目標を見つけ出すことで、前向きな活動に変えることだったのにほかなりません。

## ●まだまだあるポジティブになるための方法

もうあといくつか、ポジティブになるための方法を紹介しておきましょう。1つは「良いチームメイトになること」です。こちらもクリストファー・ピーターソンが勧める手法です。

一般に私たちはリーダーシップが尊ばれ、率先的にリーダーになることが推奨されています。しかしリーダーばかりでは「船頭多くして船山に登る」にもなり兼ねません。

そこで今後1カ月の間、自分が所属しているグループや組織で、良きリーダーではなく、良きチームメイトになることを心がけます。良きチームメイトになるには、目標達成のためにリーダーを助け、自分の分担以上に働いたり、率先して奉仕したりすることが欠かせません。

実際、このエクササイズを実行した学生は「チームのことを第一に考えて、目標に向かってどう前進していくかを考えることで元気づけられる」（『ポジティブ心理学入門』）と報告した、とピーターソンは述べています。

最後は私自身とも関係のある「反応予防」と「瞑想」です。瞑想については「あとがき」でふれますので、ここでは反応予防について記しておきましょう。

私はこの書籍を執筆している中で、自分自身に気づいたことがあります。それは私がかなりの完璧主義者だということです。

私は一見ずぼらな人間のように見えるようです。実際、日常生活ではずぼらなところが多数あります。しかし、仕事はきちんとすることを信条にしていて「出来ることはすべてやる。やるなら全力を尽くす」をモットーにしています。なお、右のモットーはケンタッキー・フライドチキンの創設者カーネル・サンダースからの受け売りです。

ちなみに、第5章で「Wi-Fiルーター事件」の話をしましたが、Wi-Fiがつながらないことで、私が私自身に対して大きな怒りを覚えたのも、完璧主義から説明できるでしょう。

一方で、私は「1回で外出できない」性格なのです。事務所から帰宅するとしましょう。帰途について5分も経たずして、「ガスストーブの火は消したっけ?」「玄関の鍵は閉めたっけ?」という考えが頭をよぎります。こうなるともういけません。なんだか不安になってきて、事務所に引き返すこともしばしばです。もちろん、いつも火は消えていますし、ドアは施錠されています。

どうやらこの性格も、私の完璧主義と結びついているようです。完璧主義者にとって、ストーブの火は完全に消してあるべきですし、ドアは完全に施錠していなければなりません。「～でなければならない」なのです。実はこの態度が私を不安にし、「1回で外出できない」という私の性格を作っていることに気づきました。

そこでデビッド・バーンズも勧める「反応予防」を実践しました。これは「完全主義を拒否し、恐怖と不快感に身をゆだねる」という、極めて単純な手法です。

私の場合で言うならば、ガスストーブの消火や鍵の施錠の確認は1度限りにします。この確認は理にかなった適切な行為です。しかし1度確認したらもうしないと心に決めます。

そして事務所を離れたら、いつものように「ガスストーブの火は消したっけ？」という思いが、突然頭をよぎります。この時の不安に身を任せるのが「反応予防」です。

最初は大きな不安が襲います。しかし事務所に引き返さずに我慢します。するとやがて不安がだんだん小さくなり、やがて消えてしまいます。この作業を何度も繰り返して、不安の発生から解消までの時間を最小限にするのが、この「反応予防」の目的です。バーンズはこんなことを言っています。

**「完璧」は、人間の究極的な幻想です。世界には、簡単には存在しません。完璧などないのです。完璧は、この世で一番の誘惑かもしれません。**

デビッド・D・バーンズ『いやな気分よさようなら』（1990年、星和書店）

「出来ることはすべてやる。やるなら全力を尽くす」と言ったカーネル・サンダースも、やはり完璧主義者だったのでしょう。そのためでしょうか。カーネルはとても短気でしょっちゅう怒り狂っていたようです。

私の場合、怒り狂うことはそうそうありません。ただ、カーネル・サンダースも「1回では外出できない」、そんな性格ではなかったか、と想像したりする私です。

# 第7章　ポジティビティの罠を理解する

## ●ネガティブのほうが賢明なのか

ポジティブ心理学はオプティミズム（楽観主義）を重視します。そのため、楽観主義に懐疑的な人は、ポジティブ心理学にも懐疑的なようです。『ポジティブ病の国、アメリカ』（２０１０年、河出書房新社）の著者であるバーバラ・エーレンライクはその急先鋒かもしれません。

しかし、ポジティブ心理学は楽観主義を重視しますが、もちろん行き過ぎた楽観主義には反対しています。最終章にあたる本章では、まず、楽観主義の問題点について整理し、その上で私たちにはどのような態度が求められているのか、その点を明確にしたいと思います。

まずは、「抑うつリアリズム」の話から始めましょう。抑うつ状態の人は一般に現実を回避していると考えられています。しかし抑うつの人のほうが、実は現実を正確にとらえていると考えるのが抑うつリアリズムです。この点を証明しようとした実験があります。

この実験では被験者にスイッチと光の点灯の関係を判別してもらいます。被験者には軽度の抑うつの人とそうでない人がいました。

実はスイッチと光の点灯には何の関係もなかったのですが、抑うつでない人はこじつけでもそこに関係を見出そうとしました。そして間違った仮説を作り出す傾向にありました。しかし、抑うつの人はスイッチと光の点灯には関係がないという、現実に即した判断を下す傾向にありました。

この結果から実験者は、実は抑うつの人のほうが現実を正確に把握する、と主張しました。これは抑うつリアリズムを支持する実験結果として話題になります。

しかしこの結論には反論もあります。右の実験では自分が無力だと感じているほど正解になる可能性が高くなるという特徴があるからです。その結果、自分に無力感を感じている軽度の抑うつの人の結果が優れているのは当然の帰結となります。だから、抑うつのほうが現実を正確に認識しているとは言えない、という主張です。これはなかなか説得力があります。

抑うつリアリズムが正しいのか間違っているのかはともかく、右の実験で抑うつでない人が、スイッチと光の関係をこじつけようとした点に注目してください。楽観的な人ならばこのこじつけを徹底して実行するのではないでしょうか。仮にそうだとすると楽観的な態度が現実を正確にとらえることを妨げていると言われても仕方がありません。

社会心理学者のロジャー・ビューフラーらの研究も楽観的態度が持つ問題にスポットを当てたものです。学生たちに論文完成までの期間を問う2つの質問をしました。1つは「最も順調に進んだ場合にかかる期間」、もう1つは「最も手間取った場合にかかる期間」です。

この質問に対して、学生の回答の平均は「最も順調に進んだ場合にかかる期間」が27・4日、「最も手間取った場合にかかる期間」が48・6日でした。さらに、完成まで最も可能性が高い期間は33・9日という結果になりました。

では、実際に学生が論文執筆に要した期間は平均どのくらいだったでしょうか。予想よりも長い期間を要した、と考えるのが一般的でしょう。事実そうでした。実際にかかった平均日数は55・5日でした。これは「最も順調」の場合の2倍、「最も可能性が高い」場合の1・6倍、「最も手間取った」場合に準じても1・14倍になります。

このように私たちは物事を楽観的に考えがちです。しかし実際は楽観的に考えたとおりに物事は進行しないようです。つまり、楽観的に考えるだけではウェル・ビーイングは得られない。このように言い換えても良いように思います。

## ●ヴィクトール・フランクルの教訓

心理学者ヴィクトール・フランクルは、ジークムント・フロイトやアルフレッド・アドラーらに師事し、のちにウィーン私立病院の神経科部長として活躍した人物です。フランクルも根拠のない楽観主義に警鐘を鳴らしました。

フランクルは第二次世界大戦中、ダッハウの強制収容所に送り込まれた経験を持ちます。この強制収容所での体験を描いた著作『夜と霧』(2002年、みすず書房)は、当時の収容所の実態を知るだけでなく、極限の状態でいかにして人間らしい精神を維持するのかを教えてくれる書として、今でも広く読み継がれています。

この著作の中でフランクルが語る次のエピソードは、根拠のない楽観主義が私たちの健康さえむしばむことを示しています。

フランクルが所属する棟の班長でかつて著名な作曲家兼台本作家だったFという男が、1945年3月の初め、フランクルに対して先日見た夢の話をしました。

Fは夢の中で「知りたいことがあるなら、なんでも答える」という声を聞きます。そこで彼は「私にとって戦いはいつ終わるか知りたい」と、尋ねました。「私にとっての戦いの終わり」とは、いつ収容所から解放されるのかという問いにほかなりません。

Ｆの言葉を聞いたフランクルは「それで、夢の中の声はなんと言ったのですか」と尋ねます。すると彼はフランクルにささやきました。「3月30日」。

Ｆは3月30日を心待ちにしていました。しかし3月半ばになっても解放される徴候はまったくありません。そして、3月29日、Ｆは突然高熱を発し、解放されるはずだった30日には重篤な譫妄《せんもう》状態に陥り、31日に発疹チフスで死亡しました。根拠のない楽観が打ち砕かれ、別の意味でＦの戦いは終わったのです。

同じような現象は１９４４年のクリスマス前と１９４５年の新年の間にもあった、とフランクルは書いています。多くの囚人が今度のクリスマスには解放されるだろう、と根拠のない夢を抱いていました。しかしクリスマスになっても解放されないことがわかると、絶望した収容者が次々と死んでいったのです。

このように根拠のない楽観的な見通しが失われた時、人は精神的にも肉体的にも多大なる衝撃を受けるようです。これは心身を滅ぼすほどの破壊力を有しているようです。

ちなみに「防衛的悲観主義」という態度があります。これは結果に期待を持たない態度です。そうすると、実際に良い結果になった場合は嬉しいですし、逆に悪い結果になった場合でも、期待していなかった分、落ち込みも低く抑えられます。

防衛的悲観主義をモットーにしている人が過度に楽観的になるほど、右で見たように精神的・肉体的に大きなショックを受けると考えられます。人によっては楽観的よりも悲観的なほうがその人のためになる場合もある、ということです。

## ●楽観性と批判性を両立する

このように、根拠のない楽観主義は極めて危険な存在と言えるでしょう。しかしそれでも、私たちには適切な楽観性がどうしても必要です。

第5章でふれたプロスペクト理論から得られた損失回避性に準じると、私たちは将来の損失を回避する傾向が強いため、リスクを取ることを避けがちになります。これは新たなチャレンジを尻込みする傾向が強いことを意味します。

しかし現状維持に執着していては、特に変化の激しい時代には身の破滅にもなり兼ねません。それだから、将来が不安でも新たな一歩を踏み出すことが必要になります。その時に私たちの背中を押してくれるのが楽観主義です。損失回避性を払拭するのに楽観主義は大きな威力となります。

とはいえ、すでに見てきたように楽観的な態度だけでは物事はうまくいきません。むしろリスクが増大する可能性すらあります。

そもそも何かをやり遂げようとした場合、そのゴール（目標）を明確にしなければなりません。

そして、ゴールが明確になったら、そこにたどり着くための計画が欠かせません。これがなければ、楽観的に考えた目標は絵に描いた餅です。こうした楽観的態度は「楽天的」と分類すべきです。

必要なのは楽観的でかつ論理的・合理的にゴールを設定して、そこへの達成手順を考えるという態度です。目標とそこへ至る計画を持つことは楽天的ではありません。これを「希望」とも呼びます。ここではこうした態度を「楽観的論理思考」と呼ぶことにしましょう。

しかし、楽観的論理思考だけではまだ十分とは言えません。というのも、この段階での目標や計画は楽観的に立てているため、どうしても現実を甘く見ます。これを批判的に検討すべきです。つまり楽観的論理思考による結果を、「批判的論理思考」で検証する必要があります。この批判的論理思考は「クリティカル・シンキング」とも呼びます。

とはいえ、批判的な態度で考えていると、可能性の芽を次々と潰していくことにもなり兼ねません。そこで再び重要になるのが楽観的態度です。

こうして楽観的態度と批判的態度を繰り返しながら、物事を論理的・合理的に考え抜くことが重要になります。このような態度こそ、ポジティブな態度と言えるのではないでしょうか。図示すると図８のようになるでしょうか。

図８　楽観的論理思考と批判的論理思考のタオ

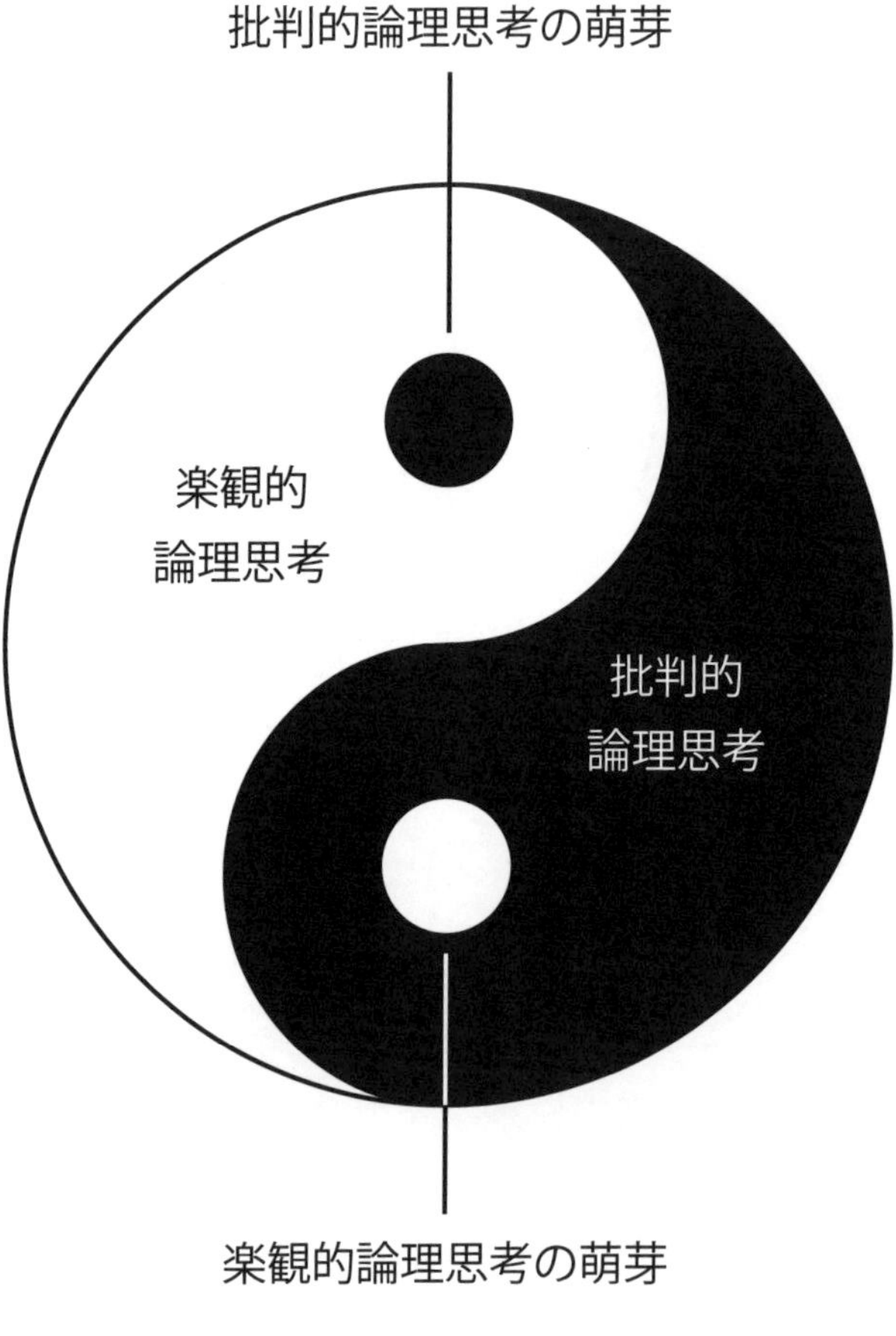

## ●タオとしての楽観性と批判性

この図は道教のタオを基礎にしています。道教では、万物には陰と陽の両面があり、そこでは絶妙のバランスが取られていると考えられています。すなわち、陰が勢力を増すとやがて陽の勢力が顕著になって陰に取って代わります。しかし陽の勢力もやがてピークを迎え、再び陰の勢力が優勢になります。この繰り返しが永続的に続きます。タオはその象徴です。

楽観的論理思考と批判的論理思考の関係も、まさにこの陽と陰の関係に相当します。つまり、楽観的論理思考で物事の明るい面をとらえることで、何かの活動に一歩踏み出すよう人を促します。しかし、論理的な根拠があったとしても、楽観的態度のみで物事を考えるのは危険です。先にもふれたように楽観的態度は、どうしても現実を甘く見がちだからです。

そこで、楽観的論理思考がピークに達したら、今度はその考え方を批判的論理思考すなわちクリティカル・シンキングで検証します。そして、より現実に即すよう細部を検討して、綿密な計画のもと実現可能な目標を目指します。

とはいえ、批判的論理思考が行き過ぎると、小さなリスクも過大視されるでしょう。そこで再び重要になるのが楽観的論理思考です。批判的に検証した物事を再び楽観的な立場から再考します。すると不可能だと思われた目標を達成可能にする、新たな工夫が生まれる可能性も高くなるに違いありません。

注目したいのは、先に示したタオの図の、楽観的論理思考（陽）と批判的論理思考（陰）がピークに達した時点に現れる黒と白の２つの丸です。

楽観的論理思考がピークになった時に現れる黒い丸は、批判的論理思考の萌芽を意味しています。また、批判的論理思考がピークになった時に現れる白い丸は、楽観的論理思考の萌芽が現れたことにほかなりません。

このように、それぞれの態度がピークになった時こそ、対極の態度で挑む必要があることを、このタオの図は示しています。そして、ポジティブ心理学の立場から言うと、最初に必要なのは楽観的論理思考です。これがタオという車輪を回す一押しになるからです。

一番重いギアを入れた自転車は最初の１こぎに大きな力を必要とします。しかし一旦勢いに乗ると、ペダルを踏む行為は大変楽になります。そして、この最初の１こぎを後押しするのが楽観的態度にほかなりません。

## ●ヒューリスティクスに気を付けろ

あたかもタオをイメージするように、楽観的態度と批判的態度の絶妙なバランスを取ることの大切さがわかってもらえたと思います。しかし、批判的論理思考で物事を見つめていても、どうやら私たち人間は誤った判断を下す傾向を強く持っているようなのです。プロスペクト理論を提唱した心理学者ダニエル・カーネマンは、人間が持つこうした傾向を詳しく分析しています。その１つに利用可能性ヒューリスティックや代表性ヒューリスティックがあります。

ヒューリスティクス（ヒューリスティックの複数形）とは、私たちが経験や知識をもとに、簡便なやり方で意思決定する傾向の集合を指します。そのため「簡便法」と呼ぶこともあります。その中の１つが利用可能性ヒューリスティックであり、代表性ヒューリスティックです。

利用可能性ヒューリスティックは、頭に思い浮かびやすい情報に基づいて意思決定する傾向を指します。頭に思い浮かびやすい情報には、親近性のあるものや自分が重要だと思っているもの、個人的に関連があるもの、最近起こったことなどがあります。

たとえば、「３文字以上の英単語で、Ｌが出てくるのは１文字目と３文字目のいずれが多いか」という質問に、皆さんはどう答えるでしょう。多くの人は１文字目と答えるのではないでしょうか。しかし実際は３文字目に「Ｌ」を持つ単語の方が多いのです。

確かに１文字目に「Ｌ」を持つ単語には「Ｌｏｖｅ」「Ｌｉｆｅ」などがあります。これらは容易に想起できる単語です。しかし３文字目に「Ｌ」を持つ単語はなかなか想起できません（身近なものではｗｅｌｌやｈｅｌｌｏがあります）。ですから、１文字目と答えるのは、利用可能性ヒューリスティックが影響を及ぼしているわけです。
一方、代表性ヒューリスティックは、物事の代表的な面に判断が左右される傾向を指します。これには「リンダ問題」という有名な例があります。

リンダは31歳の独身女性。外交的でたいへん聡明である。専攻は哲学だった。学生時代には、差別や社会正義の問題に強い関心を持っていた。また、反核運動に参加したこともある。

ダニエル・カーネマン『ファスト&スロー（上）』（2012年、早川書房）

問題はここからです。では、リンダの職業を当ててください。次のうちいずれでしょう。

①倫理哲学の教師
②フェミニスト運動の活動家
③倫理哲学の教師で、フェミニスト運動の活動家

皆さんは、3つのうちのどれだと考えますか。3つの選択肢の中では、「③倫理哲学の教師で、フェミニスト運動の活動家」が、リンダのプロフィールと最も合致しているように見えるでしょう。

もっとも右に示した文章には、リンダの職業を的確に決める情報は存在しません。となると、３つの選択肢から可能性が高いものを選ぶのが合理的な判断となるでしょう。この３つの選択肢のうち、他の選択肢よりも明らかに可能性の低い選択肢があります。実はそれが「③」なのです。

というのも、「①A」「②B」とすると、「③AかつB」となるからです。つまり、「倫理哲学の教師かつフェミニスト運動の活動家」であることは、「倫理哲学の教師」や「フェミニスト運動の活動家」に比べると明らかに可能性が低くなります。これはベン図で考えれば容易にわかるでしょう。しかし代表性ヒューリスティックに影響された私たちは、こうした合理的な判断をしません。非論理的に考えてしまいます。

これら以外にも、私たちには知らずのうちに非論理的な判断をする傾向が多分にあります。ここで逐一紹介することはできませんが、人間がもつこうした傾向を知らずに、ただただポジティビティを理由に意思判断するのは愚かと言わざるを得ません。

なお余談ではありますが、人が持つ非論理的な思考態度についてもっと知りたい人は、ハワード・S・ダンフォード著『不合理な地球人』（２０１６年、筑摩書房）が大変参考になると思います。

## ●ビュリダンのロバ

ヒューリスティクスは人間が内面的に持つ、間違いを起こしやすい傾向と言えるでしょう。一方、私たちを取り巻く環境が複雑になるにしたがって、私たちはますます間違いを起こしやすくなっているようにも見えます。

ビュリダンのロバという寓話があります。ビュリダンとはフランスの哲学者の名ですが、寓話の原型は古くアリストテレスまで遡るともいわれています。

あるところにとても賢いロバがいました。このロバは自分が正しいと思ったことを忠実に行うとても厳格なロバでした。

ある日、このロバが歩いていると、前方においしそうな干し草を見つけました。腹がへっていたこのロバは干し草を食べようと思います。ところが別の方向にも同じようにおいしそうな干し草があるではありませんか。いずれの干し草もロバが現在いる位置から等距離です。

ロバはどちらに行くべきか迷ってしまいました。そしてとうとう選択しきれずに飢え死にしてしまいました。

我々は日々大小の選択に迫られています。今日の昼食にどこで何を食べるのか、これも選択の一つです。休暇に行く海外旅行も行き先や宿泊先を選択しなければなりません。会社にこのままとまるのか、それとも海外のＭＢＡを目指すのか、こうした人生を左右する選択もあるでしょう。
しかし選択の内容によっては、どちらを選んでいいのかわからない、というケースもままあります。一方を選べば、一方を諦めなければならない、いわゆるトレードオフの状況では、両者がともに魅力的だと選択は至難の業になります。ビュリダンのロバは、まさにそのような状況を象徴していると言えるでしょう。

ただしこの寓話に難癖をつけるとしたら、ビュリダンのロバは決してトレードオフの状況ではなかった、ということです。あのロバは、一方の干し草を選べば他方を失うわけではありません。だから、一方の干し草を食べたら、そのあと別の干し草を食べればよかったわけです。ロバだから智恵が回らなかったのでしょうか――。

それはともかく、程度の差こそあれ我々はビュリダンのロバ同様、迫られる選択を前に立ち往生していることが往々にしてあります。

米コロンビア大学のシーナ・アイエンガーらは、この「立ち往生」を実験で明らかにしてみせたことで有名です。アイエンガーは、スーパーの目につく場所にジャムの試食コーナーを設け、数時間ごとに提供するジャムの種類を６種類と24種類に変更しました。そして試食した顧客にはジャムの購入に使える１週間有効のクーポンを提供しました。

試食した人の数は24種類のほうが多い結果となりました。しかし、試食コーナーで配布したクーポンを実際に使った人を集計してみると、6種類の試食に立ち寄った客はその30％（31人）がクーポンを利用してジャムを購入したのに対して、24種類の試食に立ち寄った客がクーポンを利用した割合はわずか3％（4人）にしか過ぎませんでした。

この実験からアイエンガーらは、確かに人の興味を引くにはジャムの種類が多い方（言い換えると、選択肢が多い方）が好ましいようだが、その後に続く購買のことを考えると、選択肢がある程度限定されているほうが効果があるのではないか、と述べています。選択肢の多さは必ずしも、人の選択を促すことにつながらないようなのです。

## ●サティスファイサーを目指して

またこんな実験もあります。医者に変形性関節症に効く治療薬Xに関する情報を読ませて、患者に投与するかどうかを尋ねました。この結果、処方しないと答えたのは28％でした。

一方、別の医者のグループには、治療薬Xおよび同等の効果のある治療薬Yについての情報を読ませ、患者に投与するかを尋ねました。その結果、いずれも処方しないと答えたのは48％にものぼりました。効果がある薬にもかかわらず、選択肢が増えることで、なぜ処方しないと答える割合が増えるのでしょうか。理由の1つとして考えられるのが選択ミスです。

治療薬Xと治療薬Yは効果が類似しているため選択が困難です。場合によっては選択した治療薬よりも、選択しなかった治療薬の利益のほうが高いこともあるでしょう。

こうして選択肢が増えることで、選択ミスの可能性が高まります。ミスとは損失のことです。この損失を避ける傾向が人にはありました！

結果、「選択をしないという選択」をすることになります。24種類のジャムを試食した客の多くも、治療薬Xと治療薬Yを提示された医師の多くも、選択しない選択をしたわけです。

私たちは刺激に対して単純に反応する生き物ではありません。刺激と反応（行動）の間には、必ず私たち自身の意思による判断が存在します。この意思による判断が、毎回、選択しない選択だとしたら、私たちは身の破滅へと向かうことでしょう。

私たちは次の行動を選択しなければなりません。ある意味で人生は選択の連続です。選択という自由を与えられている私たちは幸せです。しかし選択した責任は自分で負うという厳しさを、自由は私たちに求めます。

私たちは何かを選ぶ際に「より良い選択」をしようとします。そして「より良い」を徹底的に追求する人のことを「マキシマイザー（最大者）」と呼びます。

しかし、マキシマイザーにはリスクがあります。マキシマイザーは、たとえ何かを選択したとしても、その選択に満足できません。というのも、もっと「より良い選択」があったのではないかと不安になるからです。

加えて、実際にもっと良い選択があったことが判明すると、マキシマイザーは大きな後悔を感じます。この後悔を避ける極端な行き着く先が、先に見たような選択しないことを選択する生き方です。このように、ウェル・ビーイングを目指していながら、ウェル・ビーイングになれない状況、これは「マキシマイザーの罠」と呼ぶことができるでしょう。

マキシマイザーと対照的なのが「サティスファイサー（満足者）」です。彼らは、多くの選択肢がある中で、自分の選択はなかなか素晴らしい、と満足できる人です。彼らは選択肢のすべてを精査して、その中から「より良い選択」を行うのが不可能であることを知っています。それは完璧主義者の態度であり、多くの場合に不適切であることを知っています。

そうではなく、多くの選択肢がある中で、より良い選択ができないのも、ある意味当然である、とサティスファイサーは考えます。そして自分の選択に満足します。

もっともサティスファイサーにも、この分野に関しては徹底的にこだわって選択したいということが当然あるでしょう。人生の岐路を決める選択などはまさにそれです。

そのような際にもサティスファイサーでいるためには、選択の基準を持ち合わせている必要があります。この基準をクリアしていれば、仮により良い選択があとから見つかっても、後悔は最小限にくい止められるでしょう。

では、その基準とは何か――。

実はすでに本書でその基準についてふれています。それは、永い年月が経っても陳腐化することのない美徳です。第４章で紹介した、クリストファー・ピーターソンらによる24の美徳をリスト化したＶＩＡ‐ＩＳを思い出してください。

「知恵と知識」「勇気」「人間性と愛」「正義」「節度」「超越性」という6つのグループに分類された24の美徳は、２５００年の時を経ても朽ちない規範です。この中で自身が最も強く惹かれる規範に従って選択することが、サティスファイサーに至る道のように思います。

サティスファイサーを目指すということは、人生の満足度を高めることです。それはポジティブ心理学が目指すウェル・ビーイングの増大に、ダイレクトに結びつくに違いありません。

# あとがき

私は中学時代に「Ｍｅｄｉｔａｔｉｏｎ」という雑誌をとおして瞑想に興味を持つようになりました。同誌が手元に何冊か残っていたので、久し振りにページをめくってみました。

出版社は平河出版社で、創刊号は１９７７年10月1日発行になっています。季刊でしたが、残念ながら7号で廃刊となりました。

表紙は横尾忠則さんが毎号手掛けており、横尾さんの対談記事も毎号掲載されていました。特集記事には、「音楽と瞑想」「幻覚剤の起源」「インド」「瞑想の科学」「精神世界の本ベスト８００」などが並んでいます。こうしたタイトルを掲げれば、実際に手にしていない人でも、だいたいどのような傾向の雑誌かわかってもらえると思います。

考えてみると、この雑誌の影響もあるのでしょう。私はときどき集中的にまったく我流で瞑想を行ってきました。

床の上に半跏趺坐で座ってヘソ下で結手して目をつぶり、眉間のあたりを凝視します。そして、丹田でゆっくり息を吸い込み、丹田からゆっくり吐息をはき出します。これを繰り返します。その際に決まって音楽をかけておきます。よくかけるのはテリー・ライリーの「ハッピー・エンディング」やウィム・メルテンの「フォー・クワイアットネス」です。

ちなみに、テリー・ライリーもウィム・メルテンも、一般に現代音楽のジャンルに分類されるアーティストです。しかし私は現代音楽をばかり聴いているわけではありません。仕事をしている最中にかけっぱなしにしている音楽はテクノが多いです。この原稿を書いているいまもテクノがかかっています。

第6章で音楽の効能についてふれましたが、私にとって音楽は、ハイ・ポジティブまたはロー・ポジティブになるための、本当に格好の手段となっています。

それはともかく、昨今、瞑想のことを「マインドフルネス」と呼ぶようになってきています。ポジティブ心理学者もマインドフルネスがウェル・ビーイングに働く効果を認めています。マーティン・セリグマン自身も30年以上前に、インド人のマハリシ・マヘッシ・ヨーギが提唱し、ビートルズのメンバーも傾倒したことで有名な「超越瞑想（TM）」を始めたと記しています。セリグマンは、物事に対する注意深さを高めるのにTMは大変効果的だと述べています。

では、床の上に静かに座って、第7章でふれた楽観的論理思考と批判的論理思考を示すタオのイメージを心に結んでみてください。

そして、今の自分は楽観的なのか、それとも批判的（悲観的）なのかを、じっくりと考えてみます。そしていずれかに過度にふれている場合、もう一方の態度へと意識的に移行してみるのはいかがでしょう。

試してみると、深く思い悩んだ時でも、何らかの突破口が見つかるのではないか、と私は思います。実際に私自身も、苦境に陥るたびに瞑想を通じて心の平静を維持してきた経験があります。我流であっても瞑想には何らかの効果はあるようです。

最後に、本書も他の姉妹書同様、アルテの市村敏明社主の企画で成立したものです。市村さんにはこの場を借りて厚くお礼を申し上げます。

２０１６年４月

神戸元町にて筆者識す

## マ行



## ヤ行



## ラ行

ナ行



ハ行

# 索 引

◆著者
**中野　明**（なかの　あきら）
1962年、滋賀県生まれ。立命館大学文学部哲学科卒業。ノンフィクション作家。同志社大学理工学部非常勤講師。著書に『超図解 勇気の心理学 アルフレッド・アドラーが1時間でわかる本』（学研パブリッシング）、『アドラー 一歩踏み出す勇気』（SBクリエイティブ）、『アドラー心理学による「やる気」のマネジメント』『アドラー心理学による「強み」のマネジメント』『マズロー心理学入門』（アルテ）ほか多数。

**ポジティブ心理学は人を幸せにするのか**
――より良い人生を生きるためのルール

2016年7月5日　第1刷発行

著　　者　中野　明
発 行 者　市村　敏明
発　　行　株式会社　アルテ
〒170-0013　東京都豊島区東池袋2-62-8
BIGオフィスプラザ池袋11F
TEL.03(6868)6812　FAX.03(6730)1379
http://www.arte-pub.com
発　　売　株式会社　星雲社
〒112-0012　東京都文京区大塚3-21-10
TEL.03(3947)1021　FAX.03(3947)1617
装　　丁　清水　良洋（Malpu Design）
印刷製本　シナノ書籍印刷株式会社


ISBN978-4-434-22048-7 C0011